CALIFÓRNIA

GUIA DE VIAGEM

2024

Descubra o Golden State: revelando joias escondidas, abraçando a diversidade e criando memórias atemporais no coração da Califórnia

THOMAS FESTUS

Página de direitos autorais

@Thomas Festus, 2024
Todos os direitos reservados.

ÍNDICE

Página de direitos autorais.. 1
MAPA DA CALIFÓRNIA...6
INTRODUÇÃO..7
CAPÍTULO 1...13
EMBARQUE NA VIAGEM À CALIFÓRNIA.................13
    Descobrindo o encanto da Costa Oeste......................... 13
    Navegando pelas diversas regiões da Califórnia............ 17
    Revelando as estações: onde e quando explorar..............21
CAPÍTULO 2...29
CIDADES - EXPLORANDO MARAVILHAS URBANAS. 29
    Los Angeles: a metrópole pulsante..................................29
    O fascínio atemporal de São Francisco.......................... 33
    San Diego: sol, mar e muito mais....................................37
    Centro de inovação do Vale do Silício: uma sinfonia de progresso..46
CAPÍTULO 3...57
TELA DA NATUREZA - DOS PARQUES NACIONAIS AO ALÉM..57
    Yosemite: picos e vales de grandeza................................57
    Sequoia e Kings Canyon: gigantes entre gigantes...........61
    Joshua Tree: uma sinfonia no deserto..............................65
    Retiros Costeiros: Redwoods e Big Sur.......................... 69
CAPÍTULO 4...77
VIAGENS CULINÁRIAS.. 77
    Napa Valley: um paraíso para os entusiastas do vinho....77
    Delícias culinárias de São Francisco: uma sinfonia de

sabores... 81
Sabores de fusão de Los Angeles: um caleidoscópio culinário... 86
Elegância da fazenda à mesa na Califórnia Central: cultivando a felicidade culinária.. 91
CAPÍTULO 5... 105
PACIFIC PLAYGROUND: PRAIAS E MAIS............... 105
Santa Mônica: aproveitando o sol................................... 105
Surf e areia de San Diego: uma sinfonia costeira.......... 110
Refúgios Costeiros: Mendocino e Monterey................. 113
Jóias de praia isoladas fora do comum: uma sinfonia de solidão... 118
CAPÍTULO 6... 123
ENCRUZILHAS CULTURAIS: MUSEUS E ENCLAVES HISTÓRICOS...123
The Getty Center: um ícone cultural revelado..............123
USS Midway: História em Movimento - Uma Odisséia Marítima... 127
The Getty Villa: Ressuscitando a Arte Antiga - Uma Viagem no Tempo... 135
Trilhas missionárias e Adobes históricos: um passeio pelo legado colonial da Califórnia.. 140
CAPÍTULO 7... 145
ESCAPADAS AO AR LIVRE: CAMINHADAS, BICICLETA E ALÉM.. 145
Paraísos para caminhadas: trilhas para todos os níveis de habilidade... 145
Biking Bliss: rotas costeiras e trilhas de montanha....... 149
Maravilhas Aquáticas: Caiaque, Rafting e Mais............ 152
Sky's the Limit: balão de ar quente e parapente............ 154

CAPÍTULO 8..163
EXTRAVAGÂNCIA DE ENTRETENIMENTO:
HOLLYWOOD E MAIS.. 163
   Glamour de Hollywood e marcos icônicos...................163
   Distritos de entretenimento: da Sunset Strip ao Gaslamp
   Quarter.. 166
   Festivais de Cinema e Extravagâncias Culturais...........171
   Navegando pelos reinos repletos de estrelas: um
   vislumbre dos pontos de encontro de celebridades da
   Califórnia.. 175
CAPÍTULO 9..179
EMBARQUE NO CALIFÓRNIA DREAMIN: UMA
VIAGEM EM ALOJAMENTOS ÚNICOS..................... 179
   Retiros imersivos: o mundo encantador das belezas
   boutique na Califórnia... 179
   Retiros de luxo: resorts e spas - indulgência em meio às
   paisagens inspiradoras da Califórnia............................. 182
   Glamping no deserto da Califórnia: onde o luxo encontra
   a vida ao ar livre.. 188
   Cabanas Costeiras e Retiros nas Montanhas: Abraço da
   Natureza... 192
CAPÍTULO 10..197
REVELAÇÕES DE VIAGEM POR ESTRADA:
VIAGENS CÊNICAS E VIAGENS LATERAIS............ 197
   Rodovia da Costa do Pacífico: dirigindo ao longo da
   borda.. 197
   Rodovia 395: Explorando a Diversificada Tapeçaria da
   Serra Oriental..201
   Estradas vinícolas: navegando de Napa até Santa Bárbara.
   204
   Dunas do deserto: viajando por Joshua Tree................ 208

CAPÍTULO 11...213
ARTE ARQUITETÔNICA: MARAVILHAS MODERNAS............................213

Obras-primas arquitetônicas de Frank Lloyd Wright: uma odisséia na Califórnia................................213

As pontes icônicas de São Francisco: poesia estrutural conectando horizontes................................218

Renascimento colonial espanhol: a joia arquitetônica de Santa Bárbara................................221

Espaços de Arte Contemporânea: Galerias e Instalações.... 226

CAPÍTULO 12..231
PERMANÊNCIA SUSTENTÁVEL: EXPLORAÇÃO ECOLÓGICA............................231

Estadias Ecológicas: Acomodações Ambientalmente Conscientes................................231

Iniciativas Farm-to-Fork: Refeições Sustentáveis.........237

Crônicas de Conservação: Protegendo a Beleza Natural da Califórnia................................242

Viagem Responsável: Dicas para Aventureiros Ecoconscientes................................248

MAPA DA CALIFÓRNIA

INTRODUÇÃO

Em meio ao ritmo implacável da minha rotina diária, uma ligação inesperada do meu escritório serviu como um prenúncio de mudança. "Thomas Festus, é hora de uma pausa — um hiato na monotonia", declarou uma voz. O universo conspirou para me conceder uma trégua, uma fuga imprevista das garras da rotina das nove às cinco.

Esta licença, um bilhete de ouro para a liberdade, convidou-me a explorar possibilidades para além das paredes do escritório. Enquanto estava à beira desta liberdade recém-adquirida, uma visão eclipsou as outras: o fascínio da Califórnia, com as suas paisagens ensolaradas, diversidade cultural e aventuras sem limites. Surgiu como uma força magnética, prometendo uma fuga onde o comum se transforma no extraordinário, e cada reviravolta traz a promessa de descoberta.

Califórnia – o próprio nome evoca uma infinidade de imagens: o letreiro de Hollywood sentinela sobre Los Angeles, os picos inspiradores de Yosemite e o pôr do sol sobre o Pacífico, lançando um brilho quente na Ponte

Golden Gate. Ele incorpora a essência do desejo de viajar, um estado que convida à exploração e promete uma tapeçaria de experiências.

Com o luxo de uma folga e o mapa da Califórnia aberto diante de mim como uma tela, embarquei em uma jornada que transcendeu os limites da rotina. Não foram férias; foi uma odisseia – uma exploração da alma, uma peregrinação para descobrir os tesouros escondidos do Golden State.

Enquanto fazia as malas, deixando o previsível para trás, a antecipação do desconhecido pulsava em minhas veias. A Califórnia, com as suas cidades vibrantes, natureza selvagem intocada e cultura rica, sussurrava promessas de histórias à espera de se desenrolarem. Do glamour de Hollywood à tranquilidade das florestas de sequoias, parti para percorrer paisagens que despertaram a imaginação de poetas, artistas e sonhadores.

A jornada se desenrolou como as páginas de um romance fascinante, com cada capítulo revelando uma nova faceta do charme da Califórnia. Das praias ensolaradas de Santa Monica ao centro de inovação do

Vale do Silício, absorvi a essência de um estado que desafia as expectativas.

Em Napa Valley, a riqueza da vida revelava-se através dos aromas de vinhos finos, enquanto as vistas deslumbrantes de Yosemite me deixavam maravilhado com a grandeza da natureza. Missões históricas compartilharam histórias de uma época passada, e as ruas de São Francisco ecoaram os ecos das gerações passadas.

A Califórnia, com a sua diversidade caleidoscópica, tornou-se a tela sobre a qual pintei a minha própria narrativa. Cada encontro, seja com moradores locais revelando joias escondidas ou com companheiros de viagem trocando histórias, contribuiu para a trama da minha jornada.

Este livro, nascido das profundezas da minha estada na Califórnia, é mais do que um guia; é um convite. Um convite para se juntar a mim na travessia de vinhedos ensolarados, costas escarpadas e paisagens urbanas vibrantes. É uma tapeçaria tecida com insights práticos, revelações culturais e marcas indeléveis de minhas aventuras.

Ao embarcar neste guia, imagine-se sob imponentes sequóias, no topo das colinas da região vinícola e em meio a bairros ecléticos. Deixe que estas palavras sejam a sua bússola, guiando-o por uma terra onde cada pôr do sol promete novos começos e cada nascer do sol pinta uma tela de infinitas possibilidades.

A Califórnia espera por você, não apenas como um destino, mas como um estado de espírito – um convite para transcender o comum e abraçar o extraordinário. Bem-vindo a uma jornada que vai além do mapa; bem-vindo ao California Travel Guide 2024 – um companheiro para quem busca escrever sua própria história no Golden State.

CAPÍTULO 1

EMBARQUE NA VIAGEM À CALIFÓRNIA

Califórnia, o próprio nome carrega um sussurro de mística – um convite para explorar um reino onde o sol beija o horizonte, onde as paisagens variam de desertos dourados a imponentes florestas de sequoias. Ao embarcarmos juntos nesta jornada, deixe o espírito de descoberta ser a sua luz guia e deixe o fascínio da Costa Oeste lançar o seu encanto sobre a sua alma.

Descobrindo o encanto da Costa Oeste

Feche os olhos e deixe a sua imaginação tecer uma tapeçaria de contrastes e harmonias ao longo da vasta extensão da Costa Oeste dos Estados Unidos. É uma região que estende a mão aos sonhadores, aos andarilhos e aos sedentos por histórias não contadas. A viagem começa nas margens de San Diego, onde praias vibrantes se estendem até onde a vista alcança, convidando você a afundar os pés nas areias douradas.

À medida que você avança para o norte, a paisagem se transforma na poesia acidentada de Big Sur. Aqui, as falésias caem dramaticamente em cascata no Pacífico, criando um espetáculo onde a beleza indomável da costa colide com a vastidão do oceano. Cada passo ao longo desta odisseia na Costa Oeste revela uma nova camada de encantamento, um capítulo que se desenrola no grande romance da Califórnia.

São Francisco surge no horizonte como uma visão – uma cidade onde a tradição faz piruetas com a inovação. Os icônicos teleféricos atravessam as colinas onduladas da cidade, oferecendo não apenas um meio de transporte, mas também uma dança nostálgica com a história. A névoa indescritível, um maestro natural, serpenteia pelas torres da Ponte Golden Gate, criando um ambiente etéreo que encapsula o fascínio da cidade. São Francisco é mais que um destino; é uma cápsula do tempo onde o passado valsa perfeitamente com o futuro.

Aventurando-se em direção ao sul, Los Angeles se espalha pela paisagem, uma tela pintada com as cores vibrantes da diversidade. Nesta metrópole extensa, o glamour de Hollywood encontra as vibrações boêmias de Venice Beach. As ruas repletas de estrelas de Hollywood exalam um ar de magia cinematográfica, enquanto o ambiente eclético de Venice Beach espelha um caleidoscópio cultural. Los Angeles é uma cidade onde arte, entretenimento e cultura se encontram, deixando aos visitantes um sabor indelével do extraordinário.

Continue a viagem e os extensos vinhedos de Napa Valley acenarão, um destino onde o tempo assume uma cadência diferente. O ar está pesado com o aroma inebriante das uvas maduras, e cada vinícola é uma prova da arte da viticultura. Gole a gole, embarca-se numa viagem pela rica história e terroir da região, onde cada copo é um passaporte para as nuances de sabores deste paraíso vitivinícola.

No entanto, o encanto da Califórnia estende-se para além das suas cidades – está gravado nas paisagens que se estendem para além da agitação urbana. O Parque Nacional de Yosemite é um testemunho da grandeza da natureza, uma sinfonia de imponentes penhascos de granito, cascatas e prados que parecem se estender pela eternidade. Cada passo nesta catedral natural é uma pincelada na tela da sua jornada, um poema visual composto pelas forças do vento, da água e do tempo.

Mais ao sul, os Parques Nacionais Sequoia e Kings Canyon revelam árvores que tocam o céu – gigantes que testemunharam séculos de mudanças. As antigas sequóias, com seus troncos colossais, transmitem uma sensação de atemporalidade, enraizando você na magnificência do mundo natural.

No norte, o fascínio místico das sequoias no Monumento Nacional Muir Woods convida à contemplação. Árvores antigas imponentes criam uma catedral da natureza, onde a luz do sol é filtrada pelas folhas, lançando um brilho salpicado no chão da floresta. É um lugar que humilha, lembrando-nos da pequenez da nossa existência tendo como pano de fundo estes gigantes imponentes.

Abra os olhos agora e contemple o encanto da Costa Oeste. Não está apenas nos destinos, mas nas histórias gravadas nas areias de San Diego, nas ruas cobertas de neblina de São Francisco, nos vinhedos de Napa, na grandiosidade de Yosemite e nos antigos bosques de sequoias. Esta jornada é uma tela e cada momento é uma pincelada – pintando um quadro do profundo fascínio da Califórnia. É uma odisseia onde as paisagens contam histórias, as emoções ressoam e as memórias são eternamente gravadas na tapeçaria da sua estadia na Califórnia.

Navegando pelas diversas regiões da Califórnia

A Califórnia, a obra-prima caleidoscópica da Costa Oeste, revela-se como uma colcha de retalhos de diversas regiões, cada uma com sua personalidade e encanto distintos. À medida que navegamos por esta paisagem eclética, é essencial compreender os sabores únicos que cada região traz para a mesa – uma tapeçaria tecida com fios de praias ensolaradas, colinas de vinhedos, florestas antigas de sequoias e cadeias de montanhas majestosas.

Sul da Califórnia: Imagine uma tela banhada pela luz dourada do sol e você terá preparado o cenário para o sul da Califórnia. Esta região, com suas praias ensolaradas e ambiente descontraído, é um santuário para quem busca a felicidade costeira. O icônico Píer de Santa Mônica, com seu parque de diversões animado e calçadão movimentado, personifica o espírito despreocupado deste sonho californiano por excelência. Aventure-se pela costa até Laguna Beach, onde o clima boêmio encontra praias imaculadas, criando um refúgio para artistas e espíritos livres. Mas o sul da Califórnia é mais do que apenas praias; é o coração pulsante do entretenimento. Hollywood, com suas ruas repletas de estrelas e marcos icônicos, acrescenta um toque de glamour ao sol e à areia, tornando esta região um playground vibrante para aqueles que buscam uma experiência californiana por excelência.

Centro da Califórnia: Mude seu olhar para os solos férteis da Califórnia Central, onde a abundância agrícola cria um tipo diferente de beleza. Aqui, as colinas da região vinícola de Paso Robles se estendem até onde a vista alcança, adornadas com vinhedos que produzem alguns dos melhores vinhos do mundo. Imagine-se vagando por fileiras de videiras, deliciando-se com degustações de vinhos em um cenário de paisagens pitorescas. Cidades costeiras como Carmel-by-the-Sea acenam com sua arquitetura encantadora e praias imaculadas, oferecendo um contraste encantador com as vastas paisagens vinícolas. Monterey, com sua riqueza histórica e aquário de renome mundial, acrescenta profundidade à narrativa da Califórnia Central, criando uma região onde o romance da região vinícola encontra o fascínio da beleza costeira.

Califórnia do Norte: À medida que nos aventuramos para norte, a natureza assume o centro das atenções num reino que cativa a alma. As paisagens exuberantes dos vales de Napa e Sonoma atraem os entusiastas do vinho para explorar os extensos vinhedos e saborear os frutos do artesanato meticuloso. No entanto, o norte da Califórnia não se limita aos vinhedos; é um reino de sequoias antigas que funcionam como sentinelas no condado de Humboldt. Esses gigantes colossais criam uma sensação de admiração e admiração, convidando os visitantes a passear pelas florestas encantadas onde o tempo parece ter parado. São Francisco, uma cidade com um carácter tão variado como os seus microclimas, destaca-se como um centro cultural. Da icónica Ponte Golden Gate aos históricos teleféricos que sobem as colinas da cidade, São Francisco é um lugar onde a inovação se encontra com a história, criando um mosaico vibrante de experiências.

A cordilheira da Serra Nevada: Mude sua perspectiva mais uma vez para a cordilheira de Sierra Nevada, onde os lagos alpinos brilham como joias em meio ao terreno acidentado. Esta região oferece um forte contraste com as paisagens costeiras, com picos cobertos de neve alcançando o céu. No país das maravilhas do inverno, Lake Tahoe, resorts de esqui de classe mundial atraem os entusiastas da neve para cavar neve fresca. À medida que as estações mudam, as aventuras de verão em Mammoth Lakes proporcionam um tipo diferente de fuga para o abraço da grandeza da natureza. Imagine-se caminhando por prados alpinos, cercado por paisagens deslumbrantes que deixam uma marca indelével em sua alma.

Ao navegar pelas diversas regiões da Califórnia, considere este guia como sua bússola – uma ferramenta para ajudá-lo a atravessar as diversas paisagens que aguardam sua exploração. Cada região é um capítulo na história da Califórnia, oferecendo uma combinação única de experiências para cada viajante. Quer você procure a energia pulsante da vida urbana no sul da Califórnia, os retiros tranquilos dos vinhedos da Califórnia Central, a natureza inspiradora do norte da Califórnia ou a grandiosidade da Sierra Nevada, deixe sua curiosidade ser o guia. Permita que a diversidade da Califórnia se revele diante de você e, a cada passo, descubra uma nova faceta deste estado extraordinário.

Revelando as estações: onde e quando explorar

A Califórnia, muitas vezes aclamada como a terra do sol perpétuo, não é apenas uma tela estática de brilho imutável. Em vez disso, é uma obra-prima dinâmica, pintada com as pinceladas da mudança das estações. Ao embarcar em sua jornada por esse estado diverso, compreender as nuances de cada estação torna-se a chave para desbloquear um caleidoscópio de experiências.

Primavera: uma sinfonia de renovação

Na tapeçaria das estações da Califórnia, a primavera surge como uma abertura vibrante – um tempo de renovação, transformação e uma celebração da vida que explode. Em nenhum lugar esse espetáculo é mais encantador do que nas flores silvestres de lugares como o Parque Estadual do Deserto de Anza-Borrego. Aqui, as paisagens áridas explodem numa profusão de cores, com flores cobrindo o chão do deserto, criando um cenário deslumbrante que é um testemunho da resiliência da natureza.

A primavera na Califórnia é a paleta de um pintor, e as explorações costeiras durante esta estação oferecem uma tela pincelada com temperaturas amenas e o aroma revigorante da brisa do oceano. O fascínio das paisagens floridas estende-se às falésias costeiras, onde as flores silvestres se agarram às bordas, emoldurando as vistas panorâmicas do Pacífico. É uma época de renascimento e cada passo é acompanhado pela sinfonia do canto dos pássaros e pelo doce perfume das flores.

Verão: a experiência quintessencial da Califórnia

À medida que o sol atinge o seu zênite, a Califórnia se transforma no paraíso de verão por excelência. As praias ganham vida com quem procura o sol, e as cidades costeiras pulsam com uma energia contagiante. Das praias icônicas de Santa Mônica às vibrações descontraídas de San Diego, todo o litoral se torna um playground para quem busca o sonho ensolarado da Califórnia.

Aventure-se no Lago Tahoe, onde as águas azuis brilham sob o sol de verão, convidando a aventuras aquáticas e tardes preguiçosas na costa. Os festivais que marcam o calendário de verão acrescentam um ritmo vibrante à sua viagem, oferecendo experiências culturais que vão desde festivais de música no deserto até celebrações à beira-mar que ecoam a diversidade do estado.

A região montanhosa de Yosemite, normalmente envolta em neve durante os meses mais frios, torna-se acessível no verão, apresentando oportunidades de caminhada incomparáveis em meio a prados exuberantes e lagos alpinos. É uma estação que incorpora a essência de espírito livre da Califórnia, onde as possibilidades se desdobram como as pétalas de uma flor de verão.

Outono: uma tela de tons quentes
Com a despedida do verão, a Califórnia se transforma em uma tela de tons quentes, onde o outono pinta as paisagens com tons de dourado, carmesim e âmbar. Os vinhedos de Napa Valley tornam-se um cenário pitoresco para degustação de vinhos, com fileiras de videiras banhadas pelo brilho suave do sol de outono. O ar fica fresco com a promessa de noites aconchegantes junto à lareira, e o ritmo de vida ganha um ritmo mais descontraído.

As montanhas de Sierra Nevada vestem seu traje de outono, com bosques de álamos iluminando as encostas das montanhas com folhagem dourada. É época de colheita, não só nas vinhas, mas também nos pomares que pontilham a paisagem. Colher maçãs nos pitorescos pomares de Julian ou explorar os canteiros de abóboras de Half Moon Bay torna-se uma deliciosa tradição de outono.

O outono na Califórnia é um convite para saborear a riqueza da vida, seja através dos sabores ousados de um Cabernet Sauvignon na região vinícola ou do farfalhar das folhas sob suas botas de caminhada no terreno montanhoso. É uma época que convida à reflexão e à apreciação da beleza da mudança.

Inverno: um caso diversificado de retiros suaves e picos nevados
O inverno da Califórnia é uma história de diversidade – uma estação que atende àqueles que procuram um refúgio ameno e que anseiam pela magia de uma paisagem coberta de neve. Enquanto as regiões do sul permanecem amenas, oferecendo um refúgio para quem procura um retiro de inverno, a Serra Nevada recebe os entusiastas da neve de braços abertos.
As áreas costeiras, de San Diego a Santa Bárbara, proporcionam um refúgio de inverno ameno, onde as temperaturas permanecem confortáveis e o ambiente é propício à exploração sem pressa. É uma altura em que os passeios pela costa ganham um encanto diferente, com a brisa fresca do mar a revigorar os sentidos.

Em contraste, as montanhas da Sierra Nevada, incluindo o famoso Lago Tahoe, transformam-se num paraíso de inverno. Estâncias de esqui de classe mundial oferecem descidas emocionantes por encostas cobertas de pó, e as paisagens circundantes são envoltas em um branco imaculado. O Lago Tahoe, com sua serenidade congelada, torna-se um paraíso para patinação no gelo, e cabanas aconchegantes convidam você a se deliciar com o calor das lareiras crepitantes.

Compreendendo as nuances: adaptando sua jornada às preferências
Cada temporada na Califórnia revela um novo capítulo na história deste estado diversificado. Compreender as nuances dessas estações permite que você adapte sua viagem de acordo com suas preferências, seja perseguindo flores silvestres na primavera, aproveitando as praias no verão, bebendo vinho em meio a vinhedos outonais ou esculpindo neve fresca no inverno.

Se procura a vibração das paisagens floridas e uma sensação de renovação, a primavera acena de braços abertos. O verão é para aqueles que desejam a experiência quintessencial da Califórnia: praias ensolaradas, festivais animados e liberdade de exploração. O outono revela-se como uma estação de tons quentes e de ritmo mais lento, convidando a saborear a riqueza da vida. O inverno, com suas diversas ofertas, atende tanto aqueles que anseiam por uma fuga amena quanto aqueles que anseiam pela magia de um retiro na neve.

Uma porta de entrada para o encantamento
Esta exploração das mudanças das estações da Califórnia serve como uma porta de entrada para o encantamento – uma navegação por diversas regiões e uma revelação do encanto sazonal do estado. À medida que avançamos, cada capítulo irá descascar as camadas, revelando a tapeçaria única de experiências que fazem da Califórnia um destino como nenhum outro.
Então aperte o cinto e prepare-se para uma viagem que transcende o comum. No coração da Califórnia, onde cada estação conta uma história diferente, sua aventura o aguarda – sem limites, cativante e em constante mudança. Bem-vindo à Costa Oeste, onde a beleza do

sol perpétuo encontra o encanto da transformação sazonal.

CAPÍTULO 2

CIDADES - EXPLORANDO MARAVILHAS URBANAS

Ao virar a página do Capítulo 2, as maravilhas urbanas da Califórnia se desdobram diante de você como um mosaico de sonhos. Cada cidade é uma pincelada vibrante na tela do Golden State, contribuindo com seus tons únicos para a tapeçaria da exploração. Da energia pulsante de Los Angeles ao fascínio atemporal de São Francisco, ao charme ensolarado de San Diego e ao centro de inovação de ponta do Vale do Silício, este capítulo é um convite para explorar as diversas paisagens urbanas que definem a Califórnia.

Los Angeles: a metrópole pulsante

Los Angeles, muitas vezes referida como a Cidade dos Anjos, estende um convite aberto aos sonhadores e buscadores que se aglomeram em seu icônico horizonte, uma tapeçaria tecida com aspirações ilimitadas. Entrar no coração pulsante desta metrópole é o mesmo que entrar num reino onde a sinfonia das culturas, o fascínio do entretenimento e a busca incansável pelo extraordinário convergem num crescendo eletrizante.

O brilho e o glamour de Hollywood servem como o coração pulsante de Los Angeles, lançando um feitiço que transcende a tela prateada. A lendária Calçada da Fama de Hollywood, uma calçada adornada com mais de 2.600 estrelas de bronze, oferece uma conexão tangível com os luminares da indústria do entretenimento. Ao caminhar por este caminho sagrado, as estrelas sob seus pés testemunham a marca indelével deixada pelos atores, músicos e artistas que moldaram a paisagem cultural.

Dominando o horizonte da cidade, o Letreiro de Hollywood ergue-se como um farol monumental no topo das colinas, e as suas letras brancas representam um símbolo duradouro da indústria do entretenimento. Visível de pontos de vista por toda a cidade, serve como um guardião silencioso, atraindo sonhadores de todo o mundo que vêm perseguir as suas aspirações na cidade onde os sonhos estão entrelaçados na própria estrutura da sua existência.

Aventurando-se além da fachada brilhante, Los Angeles revela-se como um mosaico de bairros, cada um com seu caráter e charme próprios. O espírito boêmio de Venice Beach, onde artistas e artistas ecléticos convergem ao longo do vibrante calçadão, cria uma atmosfera descontraída que convida moradores e visitantes a se deleitarem com o não convencional. Enquanto isso, o glamour sofisticado de Beverly Hills apresenta um mundo de luxo e opulência, onde Rodeo Drive acena com boutiques sofisticadas e ruas icônicas ladeadas por palmeiras.

Aventuras culinárias acontecem nos bairros dinâmicos de Los Angeles, e em nenhum lugar isso é mais evidente do que em Koreatown. Aqui, o chiado do churrasco coreano se mistura com a energia animada das ruas, criando uma experiência sensorial que transcende o prato. De joias escondidas que servem comida de rua autêntica a restaurantes modernos que redefinem as fronteiras culinárias, Koreatown é uma prova da diversificada paisagem gastronômica da cidade.

Para os entusiastas da arte, o Getty Center surge como um oásis cultural situado no topo das montanhas de

Santa Monica. Esta maravilha arquitetônica não só abriga obras-primas de artistas como Van Gogh e Rembrandt, mas também oferece uma viagem no tempo e na expressão artística. Os extensos jardins, adornados com jardins meticulosamente cuidados, oferecem vistas panorâmicas da cidade abaixo – um contraste sereno com as ruas movimentadas que definem Los Angeles.

Mas Los Angeles é mais do que apenas um conjunto de atrações; é um vasto universo de possibilidades. No charme histórico da Rua Olvera, a rua mais antiga da cidade, os ecos da influência espanhola e mexicana reverberam através de vibrantes barracas de mercado e apresentações tradicionais. Enquanto isso, o Arts District de Downtown pulsa com energia contemporânea, onde armazéns foram transformados em galerias e arte de rua adorna todas as superfícies disponíveis.

À medida que o sol começa a descer sobre o Pacífico, pintando o céu com tons de rosa e dourado, Los Angeles se transforma. As luzes da cidade emergem e a vida noturna ganha vida, convidando você a fazer parte do ritmo noturno de Los Angeles. Dos bares na cobertura com vista panorâmica aos clubes ecléticos de West

Hollywood, a cena noturna da cidade é uma celebração dinâmica da diversidade e da criatividade.

Em Los Angeles, cada esquina conta uma nova história e cada bairro acrescenta uma camada à metrópole caleidoscópica. Quer você se sinta encantado pelo charme histórico, cativado pela energia contemporânea ou imerso no glamour de Hollywood, a Cidade dos Anjos acena com uma promessa de exploração sem fim e a busca de sonhos sob as extensas avenidas ladeadas de palmeiras. Enquanto as luzes da cidade brilham à noite, Los Angeles convida você a participar de sua dança vibrante – uma dança que transcende o tempo, onde cada momento é um passo no ritmo de uma cidade que nunca dorme.

O fascínio atemporal de São Francisco

No coração da Califórnia, onde a inovação encontra a história e as colinas ondulantes definem a paisagem, São Francisco emerge como uma cidade icônica com um fascínio intemporal. Este capítulo desenvolve uma narrativa que entrelaça a graça majestosa da Ponte

Golden Gate, as damas vitorianas pintadas que ladeiam a Praça Alamo e os teleféricos que atravessam as ruas íngremes da cidade, criando uma sinfonia de experiências que ressoam através dos tempos.

A viagem por São Francisco começa vagando por suas ruas históricas, onde casas vitorianas conhecidas como "Painted Ladies" enfeitam o horizonte. A Alamo Square oferece um ponto de vista privilegiado, oferecendo um panorama perfeito de cartão postal dessas joias arquitetônicas coloridas tendo como pano de fundo a cidade. Cada casa conta a história de uma época passada e as ruas evocam uma sensação de nostalgia, convidando os visitantes a passear por um livro de história viva.

Os bairros da cidade são uma tela pintada com pinceladas diversas. Da vibração boêmia de Haight-Ashbury, um paraíso para movimentos de contracultura e expressões artísticas, à elegância sofisticada de Nob Hill, onde mansões históricas se destacam como obras-primas arquitetônicas, São Francisco atende a todos os gostos. Cada bairro é um microcosmo, uma faceta única que contribui para a rica tapeçaria cultural da cidade.

Nenhuma visita a São Francisco está completa sem um passeio nos icônicos teleféricos. Estes veículos antigos, com o seu encanto intemporal, percorrem as ruas íngremes da cidade, proporcionando não apenas transporte, mas também uma viagem no tempo. As vistas do teleférico revelam as águas cintilantes da baía, a silhueta distinta do horizonte da cidade e a presença assustadora da Ilha de Alcatraz à distância.

Aventurar-se em North Beach, muitas vezes referida como a Pequena Itália de São Francisco, é um passo no legado literário da cidade. Cafés históricos como o Vesuvio e a City Lights Bookstore prestam homenagem à Geração Beat, onde os ecos de Jack Kerouac e Allen Ginsberg permanecem no ar. As vielas estreitas de Chinatown acenam com os aromas do dim sum, criando uma viagem sensorial pelas diversas influências culturais da cidade.

A sinistra silhueta de Alcatraz fica como uma sentinela na baía, convidando os visitantes a explorar a sua história. O tour de áudio, narrado por ex-presidiários e guardas, oferece uma visão arrepiante, porém cativante, do passado da ilha. Ao contemplar a água a partir de

Alcatraz, o horizonte da cidade assume uma nova perspectiva. A justaposição de liberdade e cativeiro torna-se palpável, acrescentando uma camada de complexidade à narrativa da cidade.

A cena culinária de São Francisco é um caldeirão de sabores, um reflexo do espírito cosmopolita da cidade. Fisherman's Wharf convida à indulgência com delícias de frutos do mar, onde o aroma da sopa de mariscos e a visão das panelas de caranguejo se misturam à brisa salgada. A Ghirardelli Square, uma histórica fábrica de chocolate transformada em complexo de varejo, oferece um doce refúgio em chocolates artesanais e sobremesas decadentes. Enquanto isso, o Mission District se desenrola como uma aventura culinária, onde caminhões de taco e restaurantes com estrelas Michelin coexistem em harmonia, criando uma fusão de sabores que reflete a diversidade da população da cidade.

À medida que o dia se transforma em noite, a viagem sobe até Twin Peaks, onde vistas panorâmicas da cidade se desdobram sob um manto de estrelas. As luzes da cidade brilham abaixo e o brilho da Ponte Golden Gate ilumina a baía. O fascínio atemporal de São Francisco transcende o tique-taque do relógio; prospera em todos os cantos, convidando os visitantes a saborear a beleza que cativou gerações. As colinas, os teleféricos, as casas pintadas e os marcos emblemáticos da cidade não são meros instantâneos congelados no tempo; são elementos vivos de uma narrativa que continua a se desenrolar, convidando cada viajante a se tornar parte de sua história duradoura.

San Diego: sol, mar e muito mais

À medida que você viaja pelo sul ao longo da pitoresca costa da Califórnia, o sol radiante e as ondas calmantes do Oceano Pacífico dão as boas-vindas a San Diego – um paraíso ensolarado que combina perfeitamente a energia vibrante da cidade com a tranquilidade dos retiros costeiros. San Diego, com seu clima agradável durante todo o ano, incorpora a experiência quintessencial do sul da Califórnia: sol, mar e uma infinidade de atrações culturais e ao ar livre que convidam a serem exploradas.

Parque Balboa: um paraíso cultural
Comece sua exploração no coração da cidade, onde o Balboa Park se estende por 1.200 acres, ganhando a reputação de "Smithsonian do Ocidente". Este oásis urbano é uma prova do compromisso da cidade com a arte, a história e a beleza natural. A arquitetura do Renascimento Colonial Espanhol da California Tower é imponente, um marco icônico que dá as boas-vindas a um mundo de museus, jardins e edifícios históricos.

As diversas ofertas do Balboa Park atendem a uma variedade de interesses. Para os entusiastas da história, o parque abriga o Centro Histórico de San Diego, onde o rico passado da cidade ganha vida através de exposições e artefatos envolventes. Os amantes da arte podem deleitar-se com as obras-primas da Renascença espanhola e italiana no Timken Museum of Art, enquanto os entusiastas da ciência podem embarcar numa viagem cósmica no Fleet Science Center.

A joia da coroa do Balboa Park, o Zoológico de San Diego, oferece uma mistura encantadora de conservação e entretenimento. Lar de mais de 3.500 animais de mais de 650 espécies, o zoológico oferece uma viagem cativante por diversos ecossistemas. Caminhe pelos habitats envolventes da floresta de pandas gigantes ou da savana africana, onde você pode testemunhar as maravilhas do mundo natural enquanto contribui para a dedicação do zoológico à preservação da vida selvagem.

Museu USS Midway: um testemunho vivo de bravura
Para uma dose de história entrelaçada com o espírito de aventura marítima, aventure-se no USS Midway Museum. Este museu vivo oferece uma experiência imersiva a bordo de um dos porta-aviões mais antigos da América. Explore a ampla cabine de comando, entre no cavernoso hangar de aeronaves e ouça relatos em primeira mão da vida no mar dos bravos homens e mulheres que serviram nesta cidade flutuante. O USS Midway torna-se mais que um museu; torna-se uma homenagem à bravura e dedicação daqueles que navegaram pelos mares ao serviço do seu país.

Encantos do bairro: Gaslamp Quarter e Seaport Village

O charme costeiro de San Diego se estende além de seus centros culturais até seus diversos bairros, cada um oferecendo um sabor distinto da cidade. O Gaslamp Quarter, com seus edifícios da era vitoriana, ruas de paralelepípedos e luzes de néon, é um centro animado de entretenimento e delícias culinárias. Durante o dia, explore boutiques e galerias de arte e, ao cair da noite, mergulhe na vibrante vida noturna que varia de bares em coberturas a bares clandestinos históricos.

Situado à beira-mar, o Seaport Village convida você a experimentar um ambiente descontraído caracterizado por lojas ecléticas, opções gastronômicas à beira-mar e vistas deslumbrantes do porto. Passeie pelas charmosas passarelas da vila, onde os artesãos locais exibem seu artesanato, e desfrute de uma refeição tranquila tendo como pano de fundo os veleiros deslizando pela baía.

Cultura de praia: de Pacific Beach a La Jolla Cove

Uma visita a San Diego fica incompleta sem abraçar totalmente sua cultura praiana. Vá para Pacific Beach, onde o calçadão movimentado e a atmosfera vibrante criam uma experiência de praia por excelência na

Califórnia. Tome sol nas areias douradas, alugue uma bicicleta para passear ao longo da costa ou experimente surfar nas ondas azuis do Pacífico.

Para uma fuga costeira mais serena, aventure-se em La Jolla Cove. Conhecido pela sua beleza pitoresca, este trecho de costa é emoldurado por falésias escarpadas e águas cristalinas. Explore as cavernas marinhas e observe as focas brincalhonas se aquecendo nas rochas. As boutiques sofisticadas da vila de La Jolla oferecem um vislumbre da elegância sofisticada que caracteriza partes de San Diego.

Delícias culinárias: de tacos de peixe a cervejas artesanais

A cena culinária de San Diego é uma celebração de ingredientes frescos de origem local e um testemunho das diversas influências culturais da cidade. Delicie-se com os sabores de Point Loma, onde os tacos de peixe reinam supremos. O aroma de frutos do mar grelhados flutua no ar enquanto você saboreia as deliciosas criações dos restaurantes locais.

Para uma experiência gastronômica mais sofisticada, explore os restaurantes de frutos do mar com vista para o porto. Aqui você pode desfrutar de vistas panorâmicas da orla marítima enquanto saboreia pratos preparados com os pescados mais frescos do Pacífico. As opções gastronômicas de San Diego atendem a todos os paladares, desde petiscos casuais à beira-mar até restaurantes sofisticados que mostram a diversidade gastronômica da cidade.

Nenhuma exploração do cenário culinário de San Diego está completa sem um mergulho na cultura de sua cervejaria artesanal. San Diego é conhecida por sua cerveja artesanal, e a cidade possui uma infinidade de cervejarias que oferecem uma grande variedade de cervejas artesanais. Embarque em um passeio pela cervejaria para saborear IPAs, sours experimentais e stouts ricos, todos elaborados com a paixão e a inovação que definem a cultura cervejeira de San Diego.

Parque Natural Sunset Cliffs: Tranquilidade e Reflexão

À medida que o sol começa a descer sobre o Pacífico, lançando tons de laranja e rosa no céu, siga para o Parque Natural Sunset Cliffs. Este parque costeiro, situado no topo de falésias escarpadas, oferece uma vista panorâmica deslumbrante sobre o oceano. A justaposição da paisagem acidentada com o mar sereno cria um momento de tranquilidade e reflexão.

Sente-se nas falésias e observe o sol se pôr no horizonte, lançando seu brilho quente sobre o Pacífico. O som rítmico das ondas abaixo torna-se uma melodia suave e, à medida que o céu se transforma em uma tela de cores vibrantes, você se torna parte da beleza atemporal que define o fascínio ensolarado de San Diego.

Noites vibrantes: fogueiras na praia, restaurantes à beira-mar e entretenimento

O charme de San Diego não desaparece com o pôr do sol. A cidade ganha vida à noite, oferecendo uma infinidade de atividades para garantir que a noite permaneça tão vibrante quanto o dia. Reúna-se ao redor de uma fogueira em uma das muitas praias costeiras,

onde o crepitar das chamas e o som das ondas quebrando criam uma atmosfera aconchegante sob o céu estrelado.
Para uma noite mais requintada, desfrute de um jantar à beira-mar em um dos restaurantes aclamados da cidade. Quer você opte por jantar com vista para a baía em Seaport Village ou desfrutar do ambiente chique de um restaurante do Gaslamp Quarter, a combinação de culinária deliciosa e vistas deslumbrantes prepara o cenário para uma noite memorável.
Há muitas opções de entretenimento animado, desde locais com música ao vivo até teatros com apresentações do calibre da Broadway. O Gaslamp Quarter, com sua variedade de bares e discotecas, torna-se um playground noturno, oferecendo de tudo, desde lounges na cobertura com vista panorâmica da cidade até bares de jazz íntimos que ecoam melodias emocionantes. A vida noturna de San Diego garante que a cidade permaneça vibrante mesmo depois do sol se pôr no horizonte.
San Diego não é apenas um destino; é uma experiência imersiva onde as paisagens ensolaradas, os tesouros culturais e o encanto costeiro convergem para criar uma tapeçaria de memórias. Do paraíso cultural do Balboa

Park à emoção de explorar um porta-aviões no USS Midway Museum, a cidade se revela como uma joia multifacetada, convidando você a explorar todas as suas facetas.

A cultura praiana, sintetizada pelas cenas animadas de Pacific Beach e pela beleza tranquila de La Jolla Cove, captura a essência da vida no sul da Califórnia. Delícias culinárias, que vão desde os sabores dos tacos de peixe de Point Loma até os sofisticados restaurantes de frutos do mar com vista para o porto, mostram a diversidade e o frescor que definem o cenário gastronômico de San Diego.

À medida que o sol se põe, o Parque Natural Sunset Cliffs proporciona um momento de reflexão, oferecendo um panorama deslumbrante sobre o Oceano Pacífico. A noite se desenrola com fogueiras na praia, restaurantes à beira-mar e entretenimento animado, garantindo que o fascínio ensolarado de San Diego se estenda noite adentro.

San Diego, com a sua mistura harmoniosa de energia urbana e tranquilidade costeira, continua a ser um convite para saborear os prazeres da vida. Esteja você explorando a riqueza cultural do Balboa Park, aproveitando o calor do sol em Pacific Beach ou saboreando cervejas artesanais no Gaslamp Quarter, cada momento em San Diego se torna um toque vibrante na tela de sua aventura na Califórnia. Então, ao continuar sua jornada pelo Golden State, deixe o sol, o mar e o fascínio encantador de San Diego serem seus companheiros nesta exploração inesquecível.

Centro de inovação do Vale do Silício: uma sinfonia de progresso

Aventurar-se no Vale do Silício é como entrar em um reino onde o ar crepita com a energia da inovação e cada canto parece vibrar com a promessa de avanços inovadores. À medida que mergulhamos no cerne da evolução tecnológica, Silicon Valley revela-se não apenas como uma localização geográfica, mas como um testemunho vivo da engenhosidade humana e da busca incansável pelo progresso.

San Jose: uma cidade que respira inovação

No centro do Vale do Silício, a cidade de San Jose é um testemunho dinâmico do espírito de inovação. O Tech Interactive, uma maravilha arquitetônica situada no coração do centro da cidade, serve como porta de entrada para as maravilhas tecnológicas que definem a região. Entre e você ficará imerso em um mundo onde exposições interativas convidam você a explorar os reinos da realidade virtual, da inteligência artificial e das inovações de ponta que moldam nosso futuro.

A cidade em si é um mosaico de arranha-céus elegantes e ruas movimentadas, um testemunho da evolução contínua do cenário tecnológico. San Jose não é apenas um centro; é um organismo vivo que respira, alimentado pelas aspirações coletivas de visionários e entusiastas da tecnologia. É uma cidade onde as ideias são moeda e o horizonte reflete os sonhos daqueles que ousam redefinir os limites do que é possível.

Sede dos gigantes da tecnologia: fortalezas modernas de inovação

Atravessar a paisagem do Vale do Silício revela as sedes de gigantes da tecnologia como o Googleplex, o campus

Menlo Park do Facebook e o futurista Apple Park em Cupertino. Esses campi não são apenas escritórios corporativos; são maravilhas arquitetônicas que incorporam o poder transformador das ideias. Embora os interiores possam estar velados em segredo, os designs externos por si só fornecem um vislumbre da visão futurista que define o Vale do Silício.

O Googleplex, com seu campus vibrante e comodidades peculiares, reflete o espírito da empresa de promover a criatividade e a colaboração. O campus Menlo Park do Facebook, conhecido como MPK20, é um espaço de trabalho aberto projetado para incentivar a interação e o compartilhamento de ideias entre seus funcionários. O Apple Park, com seu design semelhante ao de uma nave espacial, resume o compromisso da empresa com uma estética elegante e inovação tecnológica.

Estas sedes não são apenas locais de trabalho; são símbolos do papel do Vale do Silício como epicentro da evolução tecnológica global. Representam a encruzilhada onde as mentes mais brilhantes convergem para ultrapassar os limites da inovação, criando um efeito cascata que ressoa em todas as indústrias e continentes.

O Museu da História da Computação: uma viagem no tempo e na tecnologia

No coração do Vale do Silício, o Museu de História do Computador em Mountain View é um templo dedicado aos pioneiros que lançaram as bases para a era digital. O museu leva os visitantes a uma viagem cativante pela evolução da computação, desde a simplicidade do ábaco até a era dos computadores pessoais e as complexidades da era digital moderna.

Aqui, você pode se maravilhar com as primeiras máquinas de computação, testemunhar o nascimento da Internet e explorar os avanços revolucionários que moldaram a maneira como vivemos, trabalhamos e nos comunicamos. Os artefatos expostos não são apenas relíquias; são marcos que marcam a incrível jornada da engenhosidade humana e do progresso tecnológico.

Palo Alto e Universidade de Stanford: cultivando as sementes da inovação
Além dos limites dos campus corporativos e dos museus, a vibrante cidade de Palo Alto acena com suas ruas arborizadas e um espírito empreendedor palpável. Aqui, os ecos da inovação ressoam no ar, e o centro histórico da cidade é um centro para startups, empresas de capital de risco e sonhadores que imaginam um futuro moldado pelas suas ideias.

A Universidade de Stanford, com o seu amplo campus, tem sido um berço de inovação, nutrindo as mentes que desempenharam papéis fundamentais na formação de Silicon Valley. O Cantor Arts Center e o Rodin Sculpture Garden da universidade proporcionam refúgios culturais no ambiente acadêmico, oferecendo momentos de reflexão em meio à pressa do progresso tecnológico.

A influência da universidade vai além da academia; permeia o ecossistema empreendedor da região. Os graduados de Stanford fundaram algumas das empresas mais influentes da indústria de tecnologia, contribuindo para o legado de inovação que define o Vale do Silício.

Caleidoscópio Culinário: Sabores de todo o mundo

O Vale do Silício não é apenas um paraíso para entusiastas da tecnologia, mas também um caldeirão de diversas culturas e experiências culinárias. A proximidade da região com influências internacionais reflete-se na sua cena gastronómica eclética. Desde os restaurantes com estrelas Michelin que atendem ao paladar mais exigente até os restaurantes sofisticados que servem cozinha global autêntica, o Vale do Silício convida você a embarcar em uma viagem culinária ao redor do mundo.

Nas ruas de Mountain View você pode saborear os ricos sabores da culinária vietnamita, enquanto em Sunnyvale os restaurantes indianos oferecem um banquete para os sentidos. A diversidade do cenário gastronômico do Vale do Silício reflete a tapeçaria multicultural de sua força de trabalho, criando um ambiente onde diferentes sabores se unem para formar um caleidoscópio culinário.

Escapadinhas ao ar livre: equilibrando inovação e natureza

Para aqueles que procuram um descanso do mundo digital, a beleza natural do Vale do Silício e seus arredores oferece oportunidades para exploração ao ar livre. As trilhas da Reserva Rancho San Antonio oferecem um refúgio sereno, permitindo que você recarregue as energias em meio a bosques de carvalhos e colinas ondulantes. As vizinhas montanhas de Santa Cruz oferecem um cenário deslumbrante para passeios panorâmicos e trilhas para caminhadas que levam a vistas panorâmicas.

No coração do Vale do Silício, a inovação não se limita às salas de reuniões e às sessões de codificação; ele permeia o próprio ar que você respira. O espírito de criatividade e a busca pelo progresso são tangíveis, criando uma atmosfera onde a próxima grande ideia está sempre no horizonte. Esteja você explorando as trilhas do Rancho San Antonio ou testemunhando a evolução da tecnologia no Computer History Museum, você se tornará uma testemunha da narrativa contínua do progresso e um participante da história em constante evolução da inovação tecnológica.

Uma Sinfonia de Progresso

Nesta exploração do Centro de Inovação do Vale do Silício, você estará imerso em uma sinfonia de progresso – uma mistura harmoniosa de maravilhas tecnológicas, diversidade cultural e beleza natural que coexistem nesta região dinâmica. Da paisagem urbana de San Jose às sedes de gigantes da tecnologia, Silicon Valley é um testemunho do poder transformador das ideias e da busca incansável pela inovação.

À medida que você avança em sua jornada pela Califórnia, as paisagens mudarão mais uma vez, convidando você a explorar as maravilhas naturais que estão além dos limites da cidade do Vale do Silício. Mas antes de se aventurar nos diversos terrenos que o aguardam, reflita sobre o papel único que este centro de inovação desempenha na formação da narrativa da Califórnia.

O Vale do Silício não é apenas uma localização geográfica; é um estado de espírito – um ethos que transcende as fronteiras físicas. É um lugar onde as linhas entre o presente e o futuro se confundem e onde o aparentemente impossível se torna um objetivo alcançável. O impacto da região repercute globalmente, influenciando indústrias, economias e a própria estrutura de como você se conecta e interage com o mundo.

No coração do Vale do Silício, entre as fachadas brilhantes dos campi tecnológicos e as paisagens exuberantes que pontuam a expansão urbana, a inovação é uma companheira constante. Está presente nas sessões de brainstorming noturnas, nos pitches de startups que ecoam nos espaços de coworking e no espírito colaborativo que permeia cada canto. O legado do Vale do Silício é de resiliência, adaptabilidade e uma crença inabalável no poder da engenhosidade humana para superar desafios e ultrapassar os limites do que é possível.

Ao se despedir da paisagem urbana de San Jose, da sede dos gigantes da tecnologia, dos corredores do Museu de História da Computação e das ruas arborizadas de Palo Alto, você terá não apenas um vislumbre da evolução tecnológica, mas também uma compreensão mais profunda da evolução tecnológica. a cultura que define este ecossistema inovador.

A história de Silicon Valley é uma narrativa contínua – moldada pelos sonhos daqueles que ousam perturbar, inovar e imaginar um futuro onde a intersecção entre tecnologia e humanidade leva a possibilidades sem precedentes. É uma narrativa que convida à colaboração, celebra a diversidade e abraça o espírito de exploração. O Vale do Silício não é apenas um destino em nossa viagem pela Califórnia; é uma metáfora para o potencial ilimitado que existe dentro de cada indivíduo para contribuir para a história de progresso em constante evolução.

Ao apertar os cintos e se preparar para avançar em sua exploração, deixe a sinfonia do progresso do Vale do Silício ressoar dentro de você. A aventura continua e as paisagens à frente prometem uma rica tapeçaria de experiências, desde maravilhas naturais a tesouros culturais. A Califórnia, com suas inúmeras facetas, se desdobra como uma tela onde cada capítulo acrescenta camadas de profundidade e significado à nossa jornada. Então, embarque na próxima etapa da sua expedição, pronto para ser cativado pelos diversos terrenos que o aguardam neste estado dourado. O caminho a seguir é repleto de promessas e a história da Califórnia continua a se desenrolar: uma inovação, uma descoberta e uma aventura de cada vez.

CAPÍTULO 3

TELA DA NATUREZA - DOS PARQUES NACIONAIS AO ALÉM

À medida que você faz a transição das vibrantes paisagens urbanas da Califórnia, sua jornada dá uma guinada de tirar o fôlego para o reino da grandeza da natureza. O Capítulo 3 se desenrola como uma jornada por algumas das maravilhas naturais mais icônicas e inspiradoras que definem o Golden State. Dos majestosos picos e vales de Yosemite aos gigantescos Sequoia e Kings Canyon, à sinfonia da paisagem desértica de Joshua Tree e aos retiros costeiros de Redwoods e Big Sur, a tela da natureza na Califórnia revela-se numa obra-prima de diversidade e esplendor.

Yosemite: picos e vales de grandeza

Situado no abraço das montanhas de Sierra Nevada, o Parque Nacional de Yosemite é um testemunho da grandeza da natureza, cativando os corações de todos que se aventuram em suas paisagens imaculadas. Desde imponentes falésias de granito e cascatas até extensos prados, o parque desdobra-se como uma obra-prima, convidando os visitantes a um reino que transcende o comum.

Vale de Yosemite: um anfiteatro majestoso
A jornada para Yosemite começa com o imponente Vale de Yosemite, uma maravilha geológica esculpida por geleiras antigas. No coração deste vale estão monólitos de granito que parecem tocar o céu - El Capitan, uma face rochosa vertical que desafia até os escaladores mais ousados, e Half Dome, um símbolo icônico da majestade de Yosemite. Ao chegar ao Tunnel View, o vale revela-se como um grande anfiteatro, onde a natureza é o centro das atenções.
Na primavera e no verão, o fundo do vale torna-se uma tela vibrante adornada com uma infinidade de flores silvestres, criando um caleidoscópio de cores que se harmonizam com as imponentes falésias. A névoa do Bridalveil Fall capta a luz do sol, lançando arco-íris etéreos que dançam na brisa, adicionando um toque de

magia à paisagem. No inverno, um manto de neve transforma o vale em um sereno país das maravilhas, cada galho de árvore e formação de granito adornado com um casaco brilhante.

Glacier Point: com vista para a majestade
Para quem busca um espetáculo panorâmico, Glacier Point se destaca como uma sentinela celestial com vista para o Vale de Yosemite. A viagem até este ponto elevado é uma aventura cênica, seja de carro durante os meses mais quentes ou de esqui cross-country no inverno. Na chegada, uma vista deslumbrante se desenrola – Half Dome, Liberty Cap e os picos de High Sierra se estendem diante de você em uma sinfonia de beleza acidentada.

Durante o dia, as falésias graníticas aquecem-se sob o brilho quente da luz solar, revelando os intrincados detalhes das suas formações. À medida que o sol se põe, a paisagem transforma-se numa tela de tons quentes, com os últimos raios de sol a lançarem longas sombras sobre o vale. Sob o céu noturno estrelado, Glacier Point torna-se um ponto de observação de maravilhas celestiais, onde emergem constelações e a Via Láctea pinta uma tapeçaria cósmica.

Mariposa Grove: Gigantes da Floresta
Aventurando-se para o sul de Yosemite, Mariposa Grove acena como um santuário sagrado de sequóias gigantes. Este antigo bosque é um testemunho vivo da resiliência destes gigantes arbóreos, alguns dos quais resistiram a mais de 2.000 anos de mudança de estações. Caminhar entre essas sentinelas imponentes, incluindo o icônico Grizzly Giant e a California Tunnel Tree, é uma experiência humilhante que transcende a passagem do tempo.

O ar dentro do Mariposa Grove carrega o distinto aroma terroso da casca da sequóia, uma fragrância que se entrelaça com os sons do farfalhar das folhas e do canto dos pássaros. A luz solar filtra-se através dos ramos colossais, criando um jogo de luz e sombra que acrescenta uma qualidade surreal ao chão da floresta. Cada passo revela uma nova perspectiva, à medida que os troncos imponentes convergem para o céu, convidando à introspecção e a uma conexão profunda com a antiga pulsação do mundo natural.

Em Yosemite, desde o majestoso Vale de Yosemite até a majestade panorâmica de Glacier Point e os antigos gigantes de Mariposa Grove, a natureza se desdobra em uma sinfonia de paisagens que cativam os sentidos e emocionam a alma. À medida que você continua sua exploração pelas maravilhas naturais da Califórnia, Yosemite permanece como um testemunho atemporal da beleza duradoura da vida selvagem, convidando-nos a mergulhar na grandeza que define o coração deste icônico parque nacional.

Sequoia e Kings Canyon: gigantes entre gigantes

Imagine, por um momento, estar no meio de gigantes – árvores tão colossais que seus galhos parecem tocar o céu. Ao se aventurar ao sul de Yosemite, os Parques Nacionais Sequoia e Kings Canyon acenam, convidando você a entrar em um reino onde a grandeza da natureza atinge o auge. Aqui, entre as colossais sequóias e as paisagens dramáticas de Kings Canyon, você se encontrará na companhia dos silenciosos e majestosos gigantes da Terra.

General Sherman: o maior ser vivo da Terra

No coração do Parque Nacional da Sequoia, a peregrinação para testemunhar o General Sherman é nada menos que uma comunhão com o mundo natural. O General Sherman, considerado o maior ser vivo da Terra, exige reverência. Seu tronco colossal, testemunho de séculos de existência, conta uma história silenciosa de resiliência e tempo. Ao estar na presença deste titã arbóreo, rodeado pelos serenos gigantes da Floresta Gigante, o ar impregnado do aroma da madeira antiga, a escala das criações da natureza torna-se mais do que um conceito – torna-se palpável.

A enormidade do General Sherman é humilhante. Os galhos, estendendo-se como braços antigos, embalam o céu, e as raízes, ancoradas na terra há milênios, fixam você em um momento que transcende a agitação da vida diária. É um momento em que o tempo parece ter parado e você se torna parte de uma narrativa que se estende por séculos, uma narrativa tecida nos próprios anéis dessas árvores antigas.

Moro Rock: uma subida panorâmica
Para quem procura uma perspectiva diferente, a Pedra do Moro assume-se como uma sentinela granítica, oferecendo uma subida emocionante que se desdobra num panorama deslumbrante. A escadaria de granito, subindo sinuosamente, torna-se uma jornada metafórica – uma subida simbólica através de camadas de tempo, cada passo revelando vislumbres da natureza circundante. À medida que sobe, a Serra Alta revela-se em todo o seu esplendor.

No cume do Moro Rock, a Sierra Nevada estende-se como uma vasta tela. Picos adornados com neve, lagos alpinos brilhando à luz do sol e florestas onduladas criam uma tapeçaria de beleza natural. É um local onde o ar é fresco com o aroma dos pinheiros e as vistas panorâmicas convidam à reflexão sobre a interligação de todas as coisas. Moro Rock torna-se não apenas um ponto de vista, mas um ponto de meditação – um lugar para absorver a grandeza da High Sierra e as paisagens atemporais que se estendem em todas as direções.

Kings Canyon: um desfiladeiro de grandeza
Adjacente ao Sequoia National Park, Kings Canyon revela-se como um desfiladeiro de grandeza incomparável. As paredes do cânion, adornadas com árvores imponentes que testemunharam séculos de mudanças, criam uma sensação de admiração que rivaliza até mesmo com o poderoso Grand Canyon. À medida que você desce às profundezas do Kings Canyon, cercado por penhascos verticais que parecem alcançar o céu, uma profunda sensação de insignificância toma conta.
Zumwalt Meadow, aninhado no abraço do cânion, oferece um refúgio tranquilo – um santuário onde o Kings River reflete a majestade dos picos circundantes. O prado transforma-se num espelho d'água, captando a beleza da paisagem e convidando à contemplação. É um lugar onde as águas correntes e o farfalhar das folhas se tornam uma sinfonia natural, uma melodia que ressoa com a batida do coração do próprio cânion.

Em Kings Canyon, você não é apenas um espectador; você é parte integrante de uma paisagem viva. Os ecos do rio, os sussurros do vento e as árvores imponentes criam uma experiência sensorial que transcende o visual. Cada passo torna-se um diálogo com o terreno antigo, uma dança com os elementos que moldaram este desfiladeiro ao longo de milénios.

Ao explorar Sequoia e Kings Canyon, lembre-se de que você não está apenas observando a natureza; você está conversando com gigantes, subindo escadas de granito que guardam os ecos de séculos e descendo em desfiladeiros que embalam as histórias do tempo. Esses parques não são apenas destinos; são convites para se conectar com a essência do mundo natural - para ficar maravilhado, para ascender com propósito e para descer no abraço da grandeza.

Joshua Tree: uma sinfonia no deserto

Na vasta extensão das diversas paisagens da Califórnia, o Parque Nacional Joshua Tree surge como uma ode poética ao deserto - uma sinfonia onde o brilho dourado da luz solar, o abraço acidentado das formações rochosas e a dança celestial das estrelas convergem numa composição hipnotizante.

Jardim de cactos Cholla: serenidade do pôr do sol
Imagine-se em meio ao Cholla Cactus Garden enquanto o sol começa a se pôr, lançando um abraço caloroso sobre a tela do deserto. O ar é infundido com o aroma terroso das plantas do deserto e a paisagem se transforma em um quadro de tons quentes. Os cactos Cholla, com seus braços finos, projetam sombras alongadas que dançam no ritmo do sol poente. À medida que a luz do dia desaparece, uma serenidade tranquila envolve a cena, e as árvores de Josué permanecem como testemunhas silenciosas do desempenho noturno da natureza.

Neste momento íntimo, é como se o deserto tivesse orquestrado uma dança de sombras e luz, uma coreografia onde os cactos Cholla, com as suas molduras delicadas mas resistentes, se tornam as estrelas da noite. As árvores de Josué, com seus galhos retorcidos voltados para cima, aparecem como espectadores estóicos desse ritual noturno. É uma sinfonia de simplicidade e beleza, um lembrete da capacidade do deserto de encontrar harmonia em sua paisagem aparentemente agreste.

Hidden Valley: Anfiteatro da Natureza

Nossa jornada por Joshua Tree nos leva ao Hidden Valley, uma joia escondida entre formações rochosas colossais. Imagine entrar neste anfiteatro natural onde as rochas se erguem como sentinelas silenciosas, criando uma sensação de intimidade e expansividade. Os imponentes monólitos circundam o vale, criando um espaço protegido que parece intocado pelo tempo.

Ao explorar as trilhas sinuosas, você se torna parte de uma narrativa escrita nas formações geológicas que perduram há milênios. Os ecos do vento pelas fendas aumentam a mística, criando uma trilha sonora que acompanha seus passos. Neste anfiteatro escondido, a ligação entre o espírito humano e as rochas antigas é palpável. É um lugar onde os alpinistas encontram consolo no desafio do terreno acidentado e onde cada sombra conta uma história da resiliência duradoura do deserto.

Observando as estrelas na vista Keys: Harmonia Celestial

À medida que o dia se transforma em noite, o Parque Nacional Joshua Tree revela sua obra-prima celestial. Imagine estar em Keys View, no topo das montanhas Little San Bernardino, com a vastidão do deserto se estendendo abaixo de você. A transição do pôr do sol para o surgimento das estrelas é um movimento contínuo neste teatro celestial.

À medida que a escuridão se instala, a Via Láctea revela-se em toda a sua glória luminosa. O silêncio do deserto torna-se profundo, interrompido apenas pelos suaves sussurros do vento noturno. As constelações emergem com uma clareza raramente experimentada em ambientes mais urbanizados, convidando-o a embarcar numa viagem cósmica. É um momento em que o tempo parece suspenso e o universo se torna um companheiro íntimo na solidão tranquila da noite do deserto.

Neste cenário tranquilo, a harmonia celestial acima reflete a sinfonia terrena abaixo. As árvores de Josué, agora recortadas contra o céu estrelado, tornam-se guardiãs da noite. A vastidão do cosmos inspira uma sensação de admiração, convidando à introspecção e à contemplação. Cada estrela acima é uma história escrita em luz, conectando o observador à narrativa atemporal do universo.

Enquanto você está sob a cúpula celestial do deserto, envolto no ar fresco da noite, não são apenas as estrelas que brilham; é o momento compartilhado entre você e o universo – um momento de reflexão, humildade e uma profunda apreciação pela beleza que se revela na vastidão do Parque Nacional Joshua Tree. Na sinfonia do deserto, onde o dia e a noite se misturam perfeitamente, você se torna participante de uma dança atemporal que transcende as fronteiras da Terra e do céu.

Retiros Costeiros: Redwoods e Big Sur

Na encantadora tapeçaria dos retiros costeiros da Califórnia, onde antigas sequoias comungam com o Oceano Pacífico, a nossa viagem toma um rumo poético, revelando o lado mais suave e contemplativo da natureza. É como se a própria alma da Califórnia sussurrasse através das imponentes sequoias e ecoasse nas dramáticas falésias de Big Sur. Ao embarcar nesta etapa da sua aventura, imagine o ar repleto dos aromas da floresta e dos sons rítmicos das ondas do mar, pintando um quadro vívido das maravilhas naturais que o aguardam.

Avenida dos Gigantes: Entre os Gigantes do Tempo
No extremo norte da Califórnia, a Avenida dos Gigantes serpenteia pelo majestoso Parque Estadual Humboldt Redwoods. Esta avenida é uma passagem no tempo, cercada por imponentes sequoias, algumas com mais de 90 metros de altura. À medida que você dirige por esse país das maravilhas arbóreas, a magnitude desses gigantes antigos cria um ambiente semelhante ao de uma catedral. A luz do sol dança através da densa copa, lançando um mosaico de sombras no chão da floresta, criando uma atmosfera etérea que transcende a mera observação.

Fern Canyon: um oásis verdejante
Mais ao norte, dentro do Parque Estadual Prairie Creek Redwoods, Fern Canyon é um oásis verdejante que

transporta você para um mundo pré-histórico. Samambaias exuberantes caem em cascata pelas paredes do cânion, criando uma exuberante tapeçaria de vegetação. O riacho cristalino que serpenteia pelo fundo do cânion reflete a beleza circundante, e as paredes adornadas com uma infinidade de espécies de samambaias evocam uma sensação de atemporalidade. Neste santuário, onde cada passo é uma comunhão com a natureza, o tempo parece suspenso e o delicado equilíbrio do ecossistema desenrola-se diante dos seus olhos.

Big Sur: onde as montanhas encontram o mar
Descendo pela icônica Pacific Coast Highway, a beleza acidentada de Big Sur se desdobra como um grande quadro. Aqui, as montanhas de Santa Lúcia mergulham graciosamente nas profundezas do Oceano Pacífico, criando uma costa dramática que inspirou artistas e escritores durante gerações. As estradas sinuosas oferecem vistas deslumbrantes, revelando falésias que ficam de sentinela contra a vasta extensão do oceano. Ao navegar por essas curvas cênicas, o encontro das

montanhas e do mar torna-se uma metáfora para a dança harmoniosa de elementos contrastantes da natureza.

McWay Falls: uma joia costeira
McWay Falls, uma joia escondida de Big Sur, é uma joia costeira que resume a beleza poética desta paisagem acidentada. A cachoeira cai graciosamente em uma praia imaculada, com águas azul-turquesa emolduradas por ciprestes. A cena parece quase surreal, como se tivesse sido tirada de um sonho. A justaposição da cachoeira contra os penhascos escarpados exemplifica o fascínio indomado do litoral da Califórnia, onde a beleza crua da natureza cativa e encanta.

Ponte Bixby Creek: Elegância da Engenharia
Abrangendo um desfiladeiro profundo ao longo da Pacific Coast Highway, a Bixby Creek Bridge é mais do que apenas uma maravilha arquitetônica; é parte integrante da experiência Big Sur. Seus arcos graciosos e vistas panorâmicas fazem dele um testemunho da engenhosidade da engenharia humana. Atravessar esta ponte, com a vasta extensão do Oceano Pacífico abaixo e

os penhascos escarpados de ambos os lados, torna-se uma viagem através de maravilhas naturais e artificiais. É um momento em que a linha entre a engenharia e o natural se confunde, e você se vê imerso na beleza inspiradora da costa da Califórnia.

Parque Estadual Pfeiffer Big Sur: um retiro de sequoias

À medida que sua jornada continua, o Pfeiffer Big Sur State Park oferece um retiro no abraço das antigas sequoias ao longo do rio Big Sur. O perfume da floresta, os sons suaves da água corrente e as imponentes sequoias criam um ambiente que convida à contemplação. Os trilhos serpenteiam por bosques escondidos e conduzem a miradouros panorâmicos, proporcionando momentos de solidão e reflexão no santuário da natureza. Aqui, as sequoias são testemunhas silenciosas da passagem do tempo, e suas folhas farfalhantes carregam histórias de séculos passados.

Reserva Natural Estadual de Point Lobos: Elegância Costeira

Point Lobos, muitas vezes referida como a "jóia da coroa" do sistema de parques estaduais da Califórnia, é um país das maravilhas costeiras onde costas rochosas, bosques de ciprestes e enseadas escondidas definem a paisagem. As águas azul-turquesa e as florestas de algas proporcionam um vislumbre da diversidade da vida marinha, tornando-o um paraíso para a exploração terrestre e marinha. À medida que você explora as trilhas e testemunha a elegância acidentada do litoral, Point Lobos se torna uma tela onde a delicada dança dos ecossistemas costeiros se desenrola com graça e beleza.

Na jornada pela Nature's Canvas – das imponentes sequoias da Avenida dos Gigantes ao fascínio pré-histórico de Fern Canyon, à beleza acidentada de Big Sur e às joias costeiras como McWay Falls e Point Lobos – a Califórnia se revela como um santuário de ecossistemas diversos. Cada local é um capítulo de uma narrativa escrita pelo tempo, moldada pelos elementos e preservada nos sussurros do vento e no bater das ondas.

Não é apenas uma jornada física; é uma imersão na beleza comovente que define a essência da Califórnia.

À medida que você avança em sua expedição por esse estado dourado, antecipe as mudanças nas paisagens mais uma vez, apresentando novos capítulos de exploração e descoberta. A Califórnia, com o seu caleidoscópio de ambientes, convida-nos a maravilhar-nos com a intrincada dança dos ecossistemas, desde os reinos alpinos até à vastidão do deserto e às maravilhas costeiras. Portanto, aperte o cinto de segurança enquanto se prepara para embarcar na próxima etapa da sua aventura, pronto para ser cativado pelas maravilhas que o aguardam nesta jornada pela Nature's Canvas.

CAPÍTULO 4

VIAGENS CULINÁRIAS

Ao mergulhar no coração das diversas paisagens da Califórnia, sua expedição toma um rumo requintado, convidando você a uma aventura gastronômica pelos paraísos culinários do estado. Dos vinhedos de Napa Valley aos sabores ecléticos de São Francisco, às delícias de fusão de Los Angeles e à elegância da fazenda à mesa da Califórnia Central, este capítulo promete uma sinfonia de sabores que permanecerá no seu paladar por muito tempo depois de nossa jornada. conclui.

Napa Valley: um paraíso para os entusiastas do vinho

Bem-vindo ao coração da região vinícola da Califórnia, onde vinhedos se estendem até onde a vista alcança e o ar é infundido com o aroma inebriante de uvas maduras. Napa Valley, nome sinônimo de vinhos de classe mundial, torna-se o palco do ato de abertura de nossa odisseia culinária – um paraíso não apenas para os entusiastas do vinho, mas para quem procura uma sinfonia de sabores em meio à exuberante extensão de vinhedos.

Jantar na vinha no Auberge du Soleil: um oásis culinário

Seu A jornada culinária acontece no Auberge du Soleil, uma joia escondida situada nas colinas verdejantes do Vale de Napa. Imagine-se em um terraço situado na encosta de uma colina, com vista para os vinhedos que se estendem como uma colcha de retalhos sob o sol dourado da Califórnia. O ambiente é simplesmente encantador, com a brisa transportando o aroma dos barris de vinho e a promessa de uma aventura culinária.

O cardápio do Auberge du Soleil é uma prova da arte culinária que define Napa Valley. Cada prato é uma obra-prima cuidadosamente elaborada, uma celebração de ingredientes locais e sazonais que dançam em harmonia no prato. Comece sua viagem culinária com um velouté sunchoke, uma delicada mistura de sabores que prepara o cenário para o que está por vir. Segue-se a

riqueza de uma costela refogada, cada mordida uma revelação das proezas culinárias que distinguem a paisagem gastronômica de Napa Valley.
À medida que você saboreia cada pedaço, a carta de vinhos do Auberge du Soleil adiciona uma camada sinfônica à experiência. O sommelier faz a curadoria de uma seleção que complementa os sabores dos pratos, convidando você a explorar as nuances dos renomados varietais de Napa Valley. As vistas panorâmicas das vinhas abaixo tornam-se um banquete visual, um cenário que realça a viagem sensorial através do sabor e do aroma. Esta experiência gastronômica em vinhedos transcende o comum – torna-se um oásis culinário onde a alma do terroir de Napa Valley é capturada em cada gole e mordida.

A lavanderia francesa: uma peregrinação culinária
Nenhuma exploração da cena culinária de Napa Valley estaria completa sem embarcar em uma peregrinação ao The French Laundry. Situado na encantadora cidade de Yountville, este restaurante de renome mundial não é

apenas um destino gastronômico; é um santuário culinário que atrai paladares exigentes de todo o mundo. O menu degustação do French Laundry é uma odisséia pelos reinos da textura, sabor e inovação culinária. Ele se desenrola como uma história cuidadosamente orquestrada, com cada curso sendo um capítulo que se baseia no anterior. Ostras e Pérolas, um prato exclusivo, atormentam suas papilas gustativas com o encanto salgado das ostras e a decadência cremosa das pérolas da tapioca. O icônico Coffee and Donuts, uma criação caprichosa, encerra com doçura esta jornada gastronômica.

O compromisso da French Laundry com a excelência culinária é evidente em cada detalhe, desde a apresentação meticulosa de cada prato até o serviço impecável que o guia pela experiência. O ambiente, caracterizado por uma elegância discreta, permite que as criações culinárias sejam o centro das atenções. A interação de sabores, texturas e aromas transforma o jantar em uma aventura multissensorial e, ao se deliciar com as obras-primas da culinária, você se torna um participante da narrativa do legado gastronômico de Napa Valley.

Jantar no The French Laundry é mais do que uma refeição; é uma peregrinação que homenageia a arte da gastronomia e o terroir de Napa Valley. Ao sair para o ar da noite, os ecos de sua jornada culinária permanecem — uma memória indelével gravada no tecido da tapeçaria culinária de Napa Valley.

Em Napa Valley, onde os vinhedos sussurram histórias de estações passadas e a arte da vinificação é uma tradição acalentada, nossa odisséia culinária começa. À medida que avançamos na exploração das diversas paisagens e sabores da Califórnia, leve consigo a essência de Napa Valley – um lugar onde a união de vinhedos e culinária cria uma sinfonia que ressoa na alma. Aperte o cinto, pois a jornada continua, e cada capítulo promete novas revelações e delícias.

Delícias culinárias de São Francisco: uma sinfonia de sabores

Ao navegar pelas icónicas colinas de São Francisco, a cidade revela-se como um mosaico culinário, onde diversos sabores convergem para criar uma sinfonia para os sentidos. Do histórico Fisherman's Wharf à vibrante tapeçaria de Chinatown e às criações vanguardistas do Atelier Crenn, a paisagem culinária de São Francisco é uma viagem através da tradição, inovação e expressão artística.

Fisherman's Wharf: Sinfonia de Frutos do Mar
Nossa expedição gastronômica começa em Fisherman's Wharf, um paraíso marítimo repleto de história e repleto do tentador aroma do mar. A sinfonia rítmica de gaivotas acompanha a conversa animada de moradores e turistas, criando uma atmosfera animada que prepara o cenário para uma extravagância de frutos do mar. Aqui, no coração do legado marítimo de São Francisco, você desfruta de uma experiência por excelência: uma tigela de sopa de mariscos servida em uma tigela de pão de massa fermentada quente.

Imagine a cena: a brisa fresca carrega o cheiro de água salgada quando você toma a primeira colherada. A riqueza cremosa da sopa combina harmoniosamente com as notas picantes do mar, criando uma viagem sensorial que o conecta às raízes marítimas da cidade. A massa fermentada, com seu exterior perfeitamente crocante e interior macio, torna-se um recipiente que encapsula a essência da herança culinária de São Francisco. Cada colherada não é apenas um sabor; é uma homenagem aos pescadores que navegaram nas águas da cidade durante gerações, trazendo a generosidade do oceano para as mesas do Fisherman's Wharf.

Tapeçaria Culinária de Chinatown
Nossa exploração culinária nos leva então à vibrante tapeçaria da Chinatown de São Francisco, onde tradição e inovação se entrelaçam para criar uma jornada culinária diferente de qualquer outra. À medida que nos aventuramos por becos escondidos e mercados movimentados, os aromas inebriantes das especiarias e o chiado rítmico dos woks enchem o ar. A Chinatown de São Francisco não é apenas um bairro; é um destino culinário que resistiu ao passar do tempo, preservando os sabores e tradições da culinária chinesa.

Mergulhe na dança dos sabores enquanto explora os tradicionais estabelecimentos de dim sum, juntamente com interpretações modernas da arte culinária chinesa. A vibração dos movimentados mercados, adornados com lanternas vermelhas e repletos de conversas de vendedores, acrescenta uma camada de autenticidade à experiência. Permita que suas papilas gustativas embarquem em uma viagem através de bolinhos saborosos, suculentos patos de Pequim e delicadas misturas de chá que evocam os rituais centenários de beber chá. Cada mordida torna-se uma exploração cultural, uma conexão com a rica tapeçaria da herança culinária chinesa que encontrou um lar no coração de São Francisco.

Jantar inovador no Atelier Crenn
Nossa jornada culinária por São Francisco atinge seu auge vanguardista no Atelier Crenn, um farol de inovação no cenário gastronômico da cidade. Liderado pelo visionário Chef Dominique Crenn, o Atelier Crenn transcende os limites da gastronomia tradicional, transformando a experiência numa obra-prima

multissensorial. O menu degustação, uma narrativa cuidadosamente selecionada de sabores inspirados na natureza e na arte, confunde os limites entre comida e poesia.

Entre na sala de jantar, onde cada prato é uma tela e o ambiente é uma galeria de obras-primas culinárias. A abordagem poética da gastronomia do Chef Crenn eleva o jantar a uma forma de arte, onde os ingredientes se tornam pinceladas e o ato de comer se torna um diálogo entre o comensal e a expressão criativa do chef. Cada curso se desenrola como uma estrofe de um poema culinário, convidando você a explorar texturas, sabores e apresentações que desafiam as noções convencionais de jantar.

Ao embarcar nesta jornada culinária inovadora, antecipe o inesperado: uma apresentação extravagante, uma combinação inesperada de sabores ou um espetáculo visual que transcende o prato. No Atelier Crenn, jantar não é apenas um meio de sustento; é uma experiência transformadora que o transporta para um reino onde a imaginação e o gosto convergem numa dança harmoniosa.

As delícias culinárias de São Francisco levam você a uma viagem pela história marítima, pela tapeçaria cultural e pela inovação de vanguarda da cidade. Da sinfonia de frutos do mar no Fisherman's Wharf à festa cultural de Chinatown e à expressão artística no Atelier Crenn, cada parada culinária é um capítulo na história de uma cidade que celebra a diversidade, a criatividade e uma profunda conexão com suas raízes. Ao concluir sua aventura culinária em São Francisco, aperte o cinto de segurança para a próxima etapa de sua viagem, onde as paisagens e os sabores prometem cativar seus sentidos de maneiras novas e inesperadas.

Sabores de fusão de Los Angeles: um caleidoscópio culinário

Ao se aventurar na extensa cidade de Los Angeles, prepare-se para uma odisséia culinária que transcende fronteiras, reflete a vibrante diversidade de seus habitantes e convida você a explorar um caldeirão de sabores onde inovação e tradição colidem em deliciosa harmonia.

Grand Central Market: extravagância de comida de rua

No coração do centro de Los Angeles, o Grand Central Market surge como um epicentro movimentado, um testemunho da rica tapeçaria culinária da cidade. Ao entrar neste paraíso gastronómico, o ar transforma-se numa sinfonia de aromas, cada banca oferecendo uma nota única no coro de cozinhas diversas. Do saboroso fascínio dos tacos ao abraço reconfortante do ramen, das delícias artesanais das pupusas ao aromático falafel, o Grand Central Market é uma extravagância sensorial que captura a essência da fusão cultural de Los Angeles.

Navegue pelos corredores do mercado e você se juntará à multidão de habitantes locais, cada mordida uma celebração da diversidade culinária da cidade. A atmosfera comunitária, onde estranhos se tornam companheiros culinários, acrescenta uma camada autêntica à experiência. Não é apenas uma refeição; é uma viagem pelo coração de Los Angeles, onde as comunidades vibrantes da cidade convergem num amor partilhado pela boa comida.

Spago de Wolfgang Puck: uma instituição culinária
Nossa exploração culinária toma um rumo sofisticado à medida que seguimos para Beverly Hills, onde Spago se destaca como um modelo de excelência culinária sob a orientação do lendário Wolfgang Puck. Mais do que um mero restaurante, o Spago é uma instituição culinária que moldou a gastronomia sofisticada de Los Angeles durante décadas.

Situado nos arredores opulentos de Beverly Hills, o menu do Spago é uma celebração da generosidade sazonal da Califórnia, casando habilmente as tradições europeias com as influências locais. Imagine a exclusiva pizza de salmão defumado, onde delicadas fatias de salmão defumado dançam sobre uma crosta crocante, ou delicie-se com os requintados menus de degustação que se desenrolam como capítulos de um romance gastronômico.

Jantar no Spago é uma forma de arte, uma experiência imersiva onde cada prato conta uma história de sabores cuidadosamente selecionados e apresentados. O ambiente do restaurante, uma fusão elegante de sofisticação e cordialidade, convida você a saborear a essência da evolução culinária de Los Angeles. Não é apenas uma refeição; é uma viagem culinária que transcende o comum, deixando uma marca indelével no paladar e na memória.

Caminhão para churrasco Kogi: fusão sobre rodas
No reino da inovação culinária, Los Angeles reina suprema, e nenhum fenômeno culinário capta melhor esse espírito do que o Kogi BBQ Truck – um espetáculo culinário móvel criado pelo visionário Chef Roy Choi. Esta cozinha rolante não é apenas um food truck; é uma prova da aceitação ilimitada da diversidade e inovação culinária em Los Angeles.
Imagine a cena: você se aproxima do Kogi BBQ Truck e o aroma atraente do churrasco coreano flutua no ar. O cardápio, uma fusão de sabores coreanos e mexicanos, oferece uma sensação gustativa que se tornou um fenômeno cultural. Coma um taco de churrasco coreano e você experimentará o umami do bulgogi fundindo-se

perfeitamente com o toque da salsa - um casamento de sabores que resume o espírito culinário eclético da cidade.

O Kogi BBQ Truck é mais do que uma refeição sobre rodas; é um símbolo da paisagem culinária dinâmica de Los Angeles, onde a tradição encontra a inovação de maneiras inesperadas e deliciosas. Junte-se à fila de clientes ansiosos, locais e visitantes, enquanto embarca em uma aventura culinária que percorre as ruas da cidade, deixando um rastro de papilas gustativas tentadas em seu rastro.

Neste capítulo de sua exploração culinária por Los Angeles, desde a vibrante Street Food Extravaganza no Grand Central Market até a elegância refinada do Spago e a inovadora fusão sobre rodas com o Kogi BBQ Truck, você testemunhou o caleidoscópio culinário da cidade. Cada mordida foi uma pincelada em uma tela pintada com os diversos sabores que definem Los Angeles.

À medida que a sua viagem gastronómica se desenrola, antecipe as paisagens do paladar evoluindo mais uma vez, apresentando novos capítulos de descoberta e deleite. Los Angeles, com seu cenário culinário em constante evolução, promete mais surpresas e delícias à medida que você continua sua exploração. Então, aperte o cinto de segurança e prepare seu paladar para a próxima etapa de sua aventura pelos diversos terrenos do país das maravilhas culinárias de Los Angeles.

Elegância da fazenda à mesa na Califórnia Central: cultivando a felicidade culinária

À medida que sua expedição gastronômica se desenrola, você atravessa o coração da região central da Califórnia, onde o espírito das refeições da fazenda à mesa transcende uma mera tendência culinária - torna-se uma sinfonia de sustentabilidade, uma ode ao frescor que ressoa com a própria terra de que brota. Aqui, os campos e pomares não são apenas um cenário pitoresco; são terrenos férteis de inspiração para uma experiência culinária que defende a essência da riqueza agrícola da região.

Thomas Hill Organics: uma sinfonia de sabores sazonais

Na pitoresca cidade de Paso Robles, Thomas Hill Organics se destaca como um maestro culinário, conduzindo uma sinfonia de sabores sazonais que dançam nas papilas gustativas como notas em perfeita harmonia. O compromisso deste restaurante com o espírito da fazenda à mesa não é um mero slogan; é uma filosofia culinária que reverencia os ritmos cíclicos da natureza. Imagine um prato à sua frente, adornado com os tons vibrantes dos tomates tradicionais, o frescor verdejante das verduras recém-colhidas e os suculentos cortes de carne que contam uma história das proezas agrícolas da região circundante. Cada mordida é uma celebração do terroir, uma conexão sensorial com a própria terra que define a abundância da Califórnia Central.

Ao embarcar nesta jornada culinária no Thomas Hill Organics, a mudança das estações não é apenas um pano de fundo, mas uma parte integrante da experiência gastronômica. Da riqueza terrosa das raízes de inverno à vibração crocante das saladas de primavera, o menu reflete a generosidade em constante evolução da Califórnia Central. É uma viagem pela paleta de sabores da paisagem, onde os chefs não são apenas cozinheiros, mas guardiões de uma herança culinária profundamente enraizada na terra que chamam de lar.

Edna Valley Vineyard: vinho e harmonia culinária
Aventurando-se no pitoresco Edna Valley, onde os vinhedos se espalham pelas colinas como uma colcha de retalhos, o Edna Valley Vineyard acena com um convite para desfrutar de uma experiência culinária que se harmoniza perfeitamente com os vinhos excepcionais da região. A sala de degustação, com vista panorâmica da propriedade, serve de palco para uma viagem sensorial pela tapeçaria vitícola da Califórnia Central.

Combinadas com as variedades próprias do vinhedo, as ofertas culinárias do Edna Valley Vineyard são mais do que uma refeição; são um testemunho da relação simbiótica entre vinho e comida. Imagine uma mesa rústica de madeira adornada com queijos artesanais, cada um cuidadosamente selecionado para complementar as nuances dos vinhos da vinha. Imagine uma charcutaria, onde carnes de origem local são combinadas com tintos e brancos da vinha, criando uma experiência sensorial que transcende os componentes individuais.

Ao saborear cada gole e cada mordida, você se torna parte de uma narrativa que se desenrola ao ritmo das estações. O calor das uvas beijadas pelo sol é refletido na riqueza da charcutaria de origem local, criando uma história culinária que fala da interconexão das paisagens da Califórnia Central e da arte da produção de vinho. O Edna Valley Vineyard não oferece apenas vinho e comida; convida-o a mergulhar numa tapeçaria tecida com os fios do terroir e da tradição.

Delícias artesanais no The Groves em 41
Situado nas paisagens douradas de Templeton, The Groves on 41 surge como uma joia culinária, um refúgio que abraça o espírito da agricultura da Califórnia Central. Este não é apenas um restaurante; é uma experiência imersiva da fazenda à mesa, onde a própria essência da terra permeia cada prato. Localizado em um olival em funcionamento, o The Groves on 41 leva o conceito de delícias artesanais a um nível totalmente novo.

Aqui, as azeitonas não são apenas uma guarnição; eles são prensados em óleo fresco que enfeita as mesas, acrescentando uma riqueza distinta a cada mordida. Os produtos sazonais dos pomares circundantes são transformados em obras-primas culinárias, celebrando a simplicidade e a pureza dos ingredientes. Imagine uma salada diante de você, adornada com tomates tradicionais cheios de sabor, regados com azeite extraído dos próprios pomares do bosque - uma verdadeira celebração da herança agrícola da Califórnia Central.

Ao jantar entre as oliveiras, o ar impregnado da fragrância das flores desabrochando e dos frutos maduros, você se torna parte de uma narrativa que se estende através das gerações. O Groves on 41 não é apenas um restaurante; é um testemunho vivo do legado agrícola da Califórnia Central, onde cada prato é uma homenagem à resiliência da terra e aos artesãos que cultivam sua riqueza.

Allegretto Vineyard Resort: sinfonia culinária em Paso Robles

Para o grande final de nossa exploração da fazenda à mesa, o Allegretto Vineyard Resort em Paso Robles orquestra uma sinfonia culinária que ressoa com os ritmos da Califórnia Central. Este resort não oferece apenas uma refeição; ele cria uma experiência que transcende os limites da gastronomia tradicional. As ofertas culinárias inspiram-se na horta orgânica do local e nos fornecedores locais, criando um menu que evolui com as estações.

Imagine-se jantando ao ar livre no pátio do resort, cercado por flores perfumadas e pela suave melodia de uma apresentação musical ao vivo. Cada prato torna-se uma mistura harmoniosa de sabores, um verdadeiro testemunho do compromisso do resort com a sustentabilidade e a arte culinária. Os ingredientes não são apenas de origem; eles são selecionados com um olhar atento à qualidade e um profundo respeito pela terra.

Ao saborear cada prato, acompanhado de vinhos que refletem o terroir de Paso Robles, você embarca em uma viagem pela paisagem culinária da Califórnia Central. Do frescor dos vegetais colhidos localmente à complexidade das proteínas de origem sustentável, cada elemento é uma pincelada na tela da sua experiência gastronômica. O Allegretto Vineyard Resort não serve apenas uma refeição; ele cria uma sinfonia onde cada nota é uma celebração da generosidade agrícola da Califórnia Central.

À medida que sua expedição da fazenda à mesa se desenrola pela Califórnia Central, convido você a saborear não apenas os sabores do seu prato, mas também as histórias entrelaçadas em cada ingrediente. Cada prato é um capítulo da narrativa de uma região profundamente ligada às suas raízes agrícolas, onde agricultores e chefs colaboram para levar a essência da terra à sua mesa. A paisagem culinária da Califórnia Central não se trata apenas de sustento; é uma celebração da diversidade, da sustentabilidade e da relação duradoura entre as pessoas e as terras que cultivam.

Coreografia Culinária no Allegretto Vineyard Resort
Ao jantar ao ar livre no Allegretto Vineyard Resort, rodeado pela sinfonia da natureza, você se torna parte de uma coreografia culinária que se desenrola a cada prato.

O compromisso do resort com a sustentabilidade não é apenas uma palavra da moda; é um princípio orientador que molda o menu e a experiência gastronômica geral. A horta orgânica no local não é apenas um pano de fundo; é a fonte de inspiração para pratos que mostram a vitalidade dos produtos da Califórnia Central.

Imagine começar sua jornada culinária com uma salada adornada com vegetais tradicionais e ervas recém-colhidas do jardim. Os sabores explodem num caleidoscópio de sabores, uma prova do terroir e do cuidado meticuloso que envolve o cultivo de cada ingrediente. À medida que a refeição avança, cada prato se baseia no anterior, criando um crescendo de sabores que reflete os ritmos dos vinhedos circundantes.

A equipe culinária do Allegretto Vineyard Resort não se limita a criar pratos; eles estão criando uma experiência que envolve todos os sentidos. O pátio, com suas flores perfumadas e o cenário de colinas, torna-se um palco onde a sinfonia culinária se desenrola. Cada prato não é apenas uma combinação de ingredientes; é uma composição cuidadosamente orquestrada que reflete a estação, a região e o compromisso com a sustentabilidade.

A tapeçaria do terroir no vinhedo Edna Valley
No pitoresco Edna Valley, onde os vinhedos se estendem pela paisagem como fileiras de soldados verdejantes, as ofertas culinárias do Edna Valley Vineyard são uma tapeçaria tecida com fios do terroir. A sala de degustação não é apenas um local para provar vinhos; é um palco onde os sabores da vinha e da cozinha se harmonizam numa dança de sabores e aromas.

Imagine-se sentado a uma mesa de madeira, o voo de degustação antes de uma viagem pelas diversas castas do vale. Cada vinho é acompanhado por queijos artesanais, cuidadosamente selecionados para complementar e realçar as nuances dos vinhos. Os queijos, tal como os vinhos, contam uma história de artesanato e tradição, uma história que fala do património agrícola da região.

À medida que saboreia e saboreia, as vistas panorâmicas da quinta tornam-se pano de fundo para uma narrativa que se desenrola no copo e no prato. O compromisso da vinha com a harmonia culinária vai além de uma simples harmonização; é uma exploração de como os sabores da terra, expressos através das uvas ou dos ingredientes, podem criar uma experiência sensorial que transcende o comum.

Serenidade Sustentável em The Groves em 41
Nas paisagens douradas de Templeton, The Groves on 41 convida você a um reino de serenidade sustentável. O restaurante, localizado num olival em funcionamento, não é apenas um local para comer; é um santuário onde os princípios das refeições do campo à mesa estão integrados na própria estrutura da experiência.
Imagine passear pelos olivais antes da refeição, testemunhando o trabalho de amor que envolve a produção do azeite que vai enfeitar a sua mesa. O menu, reflexo da generosidade da região, celebra a simplicidade e a pureza dos ingredientes provenientes dos pomares circundantes. Cada prato torna-se uma celebração da generosidade da terra, desde a primeira dentada até ao sabor persistente do azeite fresco.

Ao jantar entre as oliveiras, o ar impregnado da fragrância das flores e do aroma terroso das azeitonas, você se torna parte de uma narrativa que remonta a gerações de agricultores e artesãos. O Groves on 41 não é apenas um restaurante; é uma prova da conexão duradoura entre as pessoas, a terra e as tradições culinárias que definem a Califórnia Central.

Uma sinfonia de sabores sazonais na Thomas Hill Organics

Na encantadora cidade de Paso Robles, Thomas Hill Organics orquestra uma sinfonia de sabores sazonais que ressoa com o coração da Califórnia Central. Isto não é apenas uma refeição; é uma performance culinária onde os ingredientes são o centro das atenções, cada nota tocada com precisão e paixão.

Visualize um prato diante de você, adornado com a generosidade da estação: tomates tradicionais, verduras recém-colhidas e suculentos cortes de carne provenientes de fazendas locais. Cada mordida é uma celebração do terroir, uma conexão com a terra que define a riqueza agrícola da Califórnia Central. O compromisso de adquirir ingredientes de fazendas locais não é uma tendência aqui; é um modo de vida que permeia todos os aspectos da experiência gastronômica.

Ao se entregar a esta sinfonia de sabores sazonais, você fica em sintonia com as nuances da paisagem. As mudanças das estações não são apenas observadas; são degustados em todos os pratos, criando uma viagem sensorial que espelha os ritmos cíclicos da natureza. Thomas Hill Organics não é apenas um restaurante; é um santuário gastronômico onde os sabores da região se unem numa composição harmoniosa.

Uma tapeçaria culinária revelada
À medida que nossa exploração da fazenda à mesa se desenrola pela Califórnia Central, ela revela uma tapeçaria culinária tecida com fios de sustentabilidade, terroir e um profundo respeito pela terra. Cada restaurante – Thomas Hill Organics, Edna Valley Vineyard, The Groves on 41 e Allegretto Vineyard Resort – acrescenta um capítulo único a esta jornada gastronômica.

Nesta região, jantar transcende o mero sustento; torna-se uma experiência imersiva que envolve todos os sentidos.

O compromisso de adquirir ingredientes locais não é uma tendência, mas uma forma de homenagear a riqueza da terra. Da sinfonia de sabores sazonais no Thomas Hill Organics à harmonia do vinho e da culinária no Edna Valley Vineyard, e da serenidade sustentável no The Groves on 41 à coreografia culinária no Allegretto Vineyard Resort, cada estabelecimento apresenta o melhor das proezas culinárias da Califórnia Central.

Ao se preparar para se aventurar no próximo capítulo de sua exploração na Califórnia, antecipe as mudanças nas paisagens mais uma vez, apresentando novos capítulos de descoberta e deleite. A viagem por este estado dourado continua e, a cada momento que passa, a Califórnia revela mais camadas do seu encanto multifacetado. Por isso, aperte o cinto, caro viajante, e prepare-se para a próxima etapa da nossa aventura, onde as paisagens e os sabores prometem cativar os seus sentidos de formas novas e inesperadas. Até então, saboreie as lembranças de nossa escapada culinária pelos diversos terrenos da Califórnia.

CAPÍTULO 5

PACIFIC PLAYGROUND: PRAIAS E MAIS

À medida que você viaja pelas paisagens cativantes da Califórnia, seu próximo capítulo se desenrola ao longo da costa do Pacífico – um vasto parque de praias ensolaradas, ondas agitadas e joias costeiras escondidas. O fascínio do oceano acena, convidando-o a mergulhar na cadência rítmica das marés. Então, aperte o cinto de segurança, pois começa a sua exploração do Pacific Playground.

Santa Mônica: aproveitando o sol

Elesnossa jornada pelo paraíso costeiro de Santa Mônica se aprofunda na trama de experiências que esta cidade icônica tece. Imagine as praias ensolaradas estendendo-se diante de você, um convite dourado para se entregar ao fascínio atemporal do sol perpétuo da Califórnia. Santa Monica, com seu charme sem limites, é uma tela sobre a qual o sol pinta traços vibrantes, criando uma obra-prima hipnotizante de luz e calor.

Passeando pelo icônico cais de Santa Mônica
Enquanto você caminha pelo famoso Píer de Santa Mônica, o ar fica animado com as risadas das famílias e as performances melódicas dos artistas de rua. Imagine-se imerso na vibrante tapeçaria de imagens e sons – os gritos alegres das crianças andando na roda gigante, o aroma tentador do algodão doce e a melodia distante do violão de um músico de rua. O cais se torna um microcosmo dos prazeres simples da vida, onde a convergência de pessoas de todas as esferas da vida reflete a diversidade e a vibração da própria Califórnia.
O Oceano Pacífico se estende além da borda do cais, um cenário amplo que acrescenta um toque de grandeza a este refúgio à beira-mar. Gaivotas dançam no céu azul, e o som rítmico das ondas sob as pranchas de madeira faz uma serenata em sua jornada. Esteja você saboreando um clássico cachorro-quente ou simplesmente apreciando a vista panorâmica do oceano, o Píer de Santa Mônica é um lugar onde momentos

despreocupados se desenrolam tendo como pano de fundo o horizonte infinito do Pacífico.

Esplendor do pôr do sol na praia de Santa Mônica
À medida que o dia transita graciosamente para a noite, aproveite a experiência californiana por excelência de observar o pôr do sol sobre o oceano. Imagine o céu se transformando em uma tela pintada em tons de rosa, dourado e tangerina. O sol mergulha abaixo do abraço do Pacífico, lançando um brilho quente que banha a praia de Santa Monica com uma luz suave e etérea.

Encontre um local isolado ao longo da costa arenosa, onde a calmaria suave das ondas proporciona uma trilha sonora suave para este espetáculo celestial. A cada momento que passa, as cores se intensificam, criando um caleidoscópio de calor que reflete nas areias molhadas. O Píer de Santa Mônica, agora iluminado contra o céu crepuscular, permanece como uma sentinela que testemunha a transição do dia para a noite.

Este interlúdio tranquilo torna-se mais do que apenas um espetáculo visual; é um momento de reflexão e conexão. Ao dar adeus ao dia, o sol deixa para trás um ambiente tranquilo que convida à introspecção – um momento para apreciar a beleza que nos rodeia e a simples alegria de estar presente no aqui e agora.

Vibração do Third Street Promenade
Aventure-se no coração da sofisticação urbana de Santa Monica com uma visita ao vibrante Third Street Promenade. Lojas ecléticas alinham-se nas ruas para pedestres, e cada vitrine é um tesouro de achados únicos. Imagine passear por este ambiente animado, onde a energia da cidade converge com o charme descontraído da vida praiana.

Os cafés ao ar livre acenam, oferecendo o cenário perfeito para saborear uma deliciosa refeição com vista para o mar. Imagine-se sentado em uma mesa na calçada, com a brisa salgada misturada com o aroma do café acabado de fazer ou com o aroma tentador da culinária internacional vindo dos restaurantes próximos. O Promenade torna-se um playground para os seus sentidos, onde a agitação da vida urbana se harmoniza com os sussurros rítmicos do oceano próximo.

Explorar as boutiques torna-se uma aventura deliciosa, com cada vitrine contando uma história através de suas ofertas selecionadas. De boutiques de moda que exibem estilos costeiros chiques a lojas de artesanato com tesouros produzidos localmente, a Third Street Promenade encapsula a fusão de sofisticação e encanto à beira-mar.

Santa Monica, em toda a sua glória ensolarada, simboliza a mistura perfeita de vibrações de praia e sofisticação urbana. A cidade torna-se um testemunho da natureza multifacetada da Califórnia, onde o fascínio costeiro e a energia vibrante da vida urbana se fundem numa dança harmoniosa.

Santa Mônica convida não apenas para testemunhar sua beleza ensolarada, mas também para mergulhar nas diversas experiências que ela proporciona. Do icônico cais à praia banhada pelo pôr do sol e ao animado calçadão, cada faceta contribui para uma narrativa que captura a essência do charme costeiro da Califórnia. Ao se preparar para avançar na exploração do Pacific Playground, antecipe novas maravilhas costeiras que prometem cativar seus sentidos e adicionar novas dimensões à nossa jornada pela Califórnia.

Surf e areia de San Diego: uma sinfonia costeira

Nossa viagem a San Diego, uma sinfonia costeira por si só, é uma imersão no ritmo vibrante do surf e da areia. As praias ensolaradas revelam uma história de ondas emocionantes, praias imaculadas e uma encantadora mistura de história e delícias culinárias.

Surfando felicidade em Pacific Beach e La Jolla Shores

Imagine-se nas margens arenosas de Pacific Beach, um refúgio famoso para os entusiastas do surf. O som das ondas quebrando define o cenário enquanto você encera sua prancha de surf, preparando-se para uma aventura no abraço azul do Pacífico. Apanhar a onda perfeita torna-se não só uma emoção, mas uma dança ao ritmo do oceano, uma harmonia que só os surfistas compreendem. Aventure-se ainda mais em La Jolla Shores, onde o surf encontra as areias douradas em um casamento perfeito entre os elementos da natureza. O sol, agora um companheiro caloroso, banha o litoral em tons dourados enquanto você surfa na crista de uma onda. A alegria de surfar aqui não é apenas conquistar as ondas; trata-se de se tornar um com a vastidão do Pacífico.

Praias imaculadas: Reserva Natural Estadual de Coronado e Torrey Pines

Sua exploração vai além do surf, convidando você a descobrir a diversidade das praias de San Diego. Coronado Beach, com suas areias cintilantes e seu icônico hotel com telhado vermelho, recebe você em um oásis familiar. Imagine construir castelos de areia com seus entes queridos ou passear ao longo da costa, com as ondas suaves acariciando seus pés.

Para um encontro com a beleza acidentada, a Reserva Natural Estadual de Torrey Pines revela seus tesouros costeiros. Caminhe por trilhas pitorescas que serpenteiam por falésias adornadas com pinheiros Torrey, únicos nesta região. Ao chegar aos mirantes, vistas panorâmicas do Oceano Pacífico e do litoral esculpido se estendem à sua frente, criando um momento de tranquilidade inspiradora.

Histórico Gaslamp Quarter: uma tapeçaria vitoriana
Saindo do abraço costeiro, mergulhe no charme histórico do Gaslamp Quarter. A arquitetura vitoriana reveste as ruas, criando um ambiente nostálgico. Imagine passear pelas avenidas de paralelepípedos de Gaslamp, onde cada edifício conta uma história da evolução de San Diego, de uma cidade fronteiriça a um movimentado centro urbano.

À medida que o sol se põe, Gaslamp ganha vida com uma vida noturna vibrante. Placas de néon iluminam as ruas enquanto risadas e música enchem o ar. Mergulhe na mistura eclética de bares, clubes e locais de entretenimento ao vivo, criando uma tapeçaria de experiências que varia de lounges descontraídos a pistas de dança energéticas.

Delícias culinárias com brisa do mar
Nossa jornada pelo encanto costeiro de San Diego culmina em uma sinfonia de delícias culinárias. Imagine-se em um restaurante à beira-mar, com o aroma

de frutos do mar frescos misturando-se à revigorante brisa do oceano. Delicie-se com um banquete que captura a essência do Pacífico, desde suculentos camarões até deliciosos tacos de peixe.

Ao saborear estas criações culinárias, você passa a fazer parte de uma experiência sensorial onde os sabores do mar se harmonizam com o ambiente da orla marítima. À medida que a noite avança, o encanto costeiro de San Diego se entrelaça com a arte culinária, criando uma memória que perdura muito depois da última mordida.

Caro amigo, no surf e na areia de San Diego, surfamos nas ondas, aproveitamos as praias imaculadas, vagamos pela história no Gaslamp Quarter e nos entregamos a um banquete culinário à beira-mar. Ao se preparar para a próxima etapa de sua odisseia costeira, antecipe as mudanças nas paisagens mais uma vez, oferecendo novas histórias de descoberta e deleite. Até lá, deixe os ecos das ondas rítmicas do Pacífico permanecerem nos seus sentidos.

Refúgios Costeiros: Mendocino e Monterey

À medida que nos aprofundamos nos refúgios costeiros de Mendocino e Monterey, cada momento se desenrola como páginas de um romance, revelando as histórias não contadas desses destinos encantadores.

Mendocino: uma sinfonia no penhasco
Imagine estar nas falésias de Mendocino, com os ciprestes sussurrando segredos enquanto balançam suavemente com a brisa do oceano. O Mendocino Headlands State Park, uma vasta extensão de beleza costeira, torna-se o seu observatório privado, oferecendo vistas panorâmicas que se estendem até o horizonte. O encontro da terra e do mar torna-se um espetáculo atemporal, uma eterna dança de elementos que transcende as fronteiras do tempo.

No topo dessas falésias, você se torna um espectador da sinfonia da natureza - o bater rítmico das ondas contra a costa acidentada, os gritos distantes das gaivotas e o farfalhar das folhas enquanto os ciprestes ficam de sentinela ao longo da costa. É um lugar de contemplação, onde a vastidão do Pacífico espelha a expansividade dos seus pensamentos.

Explore as trilhas sinuosas que levam você por prados adornados com flores silvestres e bolsões de floresta costeira. O aroma do sal mistura-se com a fragrância das plantas nativas, criando uma viagem olfativa que aprimora a experiência sensorial geral. Cada passo é uma meditação e cada ponto de vista é uma tela pintada com as cores do sol poente.

Monterey: elegância costeira e maravilhas marinhas
Sua jornada transita para a elegância costeira de Monterey, uma cidade que ostenta com orgulho sua herança marítima. Passeie pela histórica Cannery Row, onde os remanescentes da indústria de embalagem de sardinha agora abrigam galerias, lojas e restaurantes à beira-mar. Os ecos de uma época passada permanecem enquanto você passeia pelas ruas que testemunharam o fluxo e refluxo da maré e a evolução de uma indústria que já foi próspera.

O fascínio de Monterey vai além de suas ruas pitorescas; ele mergulha nas profundezas do oceano no renomado

Aquário da Baía de Monterey. Imagine estar diante dos tanques hipnotizantes, onde criaturas marinhas deslizam pelas águas azuis. A dança etérea das águas-vivas, os tons vibrantes dos recifes de coral e os movimentos graciosos dos tubarões criam um balé marinho que cativa jovens e idosos.

Aventure-se no Butterfly Sanctuary de Pacific Grove, um refúgio costeiro onde borboletas monarcas cobrem os eucaliptos como confetes vivos. O ar é preenchido com o delicado bater de asas enquanto essas criaturas gentis encontram refúgio ao longo de sua rota migratória. É um momento de serenidade, de conexão com o delicado equilíbrio da natureza.

Beleza cênica ao longo de 17 milhas de carro
Nossa jornada continua ao longo da icônica 17-Mile Drive, uma rota panorâmica que atravessa Pebble Beach e Pacific Grove, revelando vistas deslumbrantes a cada curva. Imagine-se dirigindo ao longo da costa acidentada, com o Oceano Pacífico de um lado e campos de golfe imaculados do outro.

À medida que você navega pelas estradas sinuosas, a paisagem se desenrola como uma grande tapeçaria. Faça uma pausa nos mirantes designados, cada um oferecendo uma nova perspectiva sobre as maravilhas costeiras. O icônico Lone Cypress, orgulhosamente erguido sobre um poleiro rochoso, torna-se um símbolo de resiliência contra os elementos. O ar fica tingido de sal quando você está na presença desta sentinela solitária, desgastada pelo tempo, mas firme contra os ventos costeiros.

Maravilhas Marinhas e Maravilhas da Observação de Baleias

O santuário marinho da Baía de Monterey é um testemunho vivo da riqueza da vida oceânica. As águas estão repletas de maravilhas marinhas, convidando-o a embarcar numa aventura de observação de baleias. Imagine estar em um barco, com a vastidão do oceano se estendendo em todas as direções, enquanto você aguarda o majestoso surgimento das baleias das profundezas.

Os gentis gigantes do Pacífico, incluindo as baleias jubarte e as baleias cinzentas, rompem a superfície, seu tamanho e graça deixam uma marca indelével em sua memória. O oceano vira teatro e você é o público privilegiado de um espetáculo orquestrado pela própria natureza.

Vislumbres de lontras marinhas brincalhonas acrescentam um toque de charme ao espetáculo marítimo. Essas criaturas peludas flutuam sem esforço de costas, quebrando mariscos com pequenas pedras – uma demonstração de habilidade e instinto de sobrevivência. É um lembrete de que a Baía de Monterey não é apenas um lugar; é um santuário onde a vida marinha prospera em harmonia com o ambiente natural.

Jóias de praia isoladas fora do comum: uma sinfonia de solidão

Elessua odisséia costeira atinge seu final poético quando você embarca em uma jornada pelas joias da praia isolada, escondidas como tesouros aguardando serem descobertos. Neste capítulo, revelamos as camadas do Pacific Playground para revelar os santuários tranquilos acessíveis apenas àqueles que se atrevem a seguir os sussurros da brisa do oceano e o chamado de praias desconhecidas.

Navegando pela Trilha Costeira: Um Prelúdio à Descoberta
Imagine-se à beira da aventura enquanto navega por uma sinuosa trilha costeira, o aroma terroso da água salgada misturando-se com a fragrância da flora costeira. O murmúrio do oceano torna-se uma melodia orientadora, levando-o mais fundo nas paisagens intocadas onde os segredos da natureza são sussurrados.

À medida que percorre o trilho, cada passo aproxima-o da revelação de praias isoladas, locais onde as pegadas são escassas e as areias preservam as histórias de uma solidão incalculável. A expectativa aumenta e a trilha costeira torna-se um prelúdio para a sinfonia de descobertas que o espera.

Praia Pfeiffer em Big Sur: uma tela de areias roxas

Uma das jóias escondidas ao longo desta viagem costeira clandestina é a Praia Pfeiffer em Big Sur, uma tela poética onde a natureza se entrega à expressão artística. Aqui, as areias adquirem uma tonalidade majestosa, pintadas em tons de púrpura que contrastam fortemente com as falésias escarpadas e os arcos marítimos. A exclusividade desta enseada escondida aumenta a sensação de admiração, pois mergulhar os pés na costa imaculada torna-se um momento de comunhão com a beleza crua da natureza.

Sinta o abraço fresco do Pacífico ao estar nas margens da Praia Pfeiffer, cercada por imponentes falésias que guardam os segredos deste paraíso costeiro. As ondas criam um balé rítmico e os arcos do mar emolduram o horizonte como esculturas naturais esculpidas pelos ponteiros do tempo. É um lugar onde a sinfonia das ondas se transforma numa serenata privada e o fascínio intemporal do oceano se revela na sua forma mais pura.

Exclusividade além do comum: uma sensação de reclusão

A sensação de exclusividade permeia essas joias de praia isoladas, oferecendo mais do que apenas isolamento físico. É um retiro para a alma, uma oportunidade de se desconectar do mundo agitado e se reconectar com os elementos fundamentais da existência. A sinfonia das ondas, o toque da brisa do mar e as vistas panorâmicas tornam-se um refúgio para contemplação e introspecção. Na solidão destas praias escondidas, descobre-se uma profunda ligação com as paisagens costeiras. As pegadas tornam-se marcas fugazes, levadas pelas marés, e as areias testemunham uma dança intemporal entre a terra e o mar. É uma experiência que transcende o comum, convidando você a dançar a melodia do Pacífico em sua alcova privada de tranquilidade.

Uma poética para sua jornada costeira: antecipando novos horizontes

Caro turista, sua exploração do Pacific Playground tem sido uma sinfonia poética, serpenteando pelas costas ensolaradas de Santa Mônica, pelo surf e pela areia de San Diego, pelos refúgios costeiros de Mendocino e Monterey, e culminando nas preciosidades isoladas da praia. o caminho batido. Cada destino, uma nota única na composição, deixou a sua marca na melodia da nossa viagem californiana.

Enquanto você está nas margens dessas praias isoladas, as ondas aguardam e o próximo capítulo da sua aventura acena. Antecipe novos horizontes e paisagens que prometem cativar os seus sentidos de formas ainda não descobertas. Até então, deixe os ecos do Pacífico fazerem uma serenata para você com histórias de encanto costeiro.

CAPÍTULO 6

ENCRUZILHAS CULTURAIS: MUSEUS E ENCLAVES HISTÓRICOS

Sua jornada pela Califórnia dá uma guinada cultural à medida que nos aprofundamos na tapeçaria de história e arte tecida nas paisagens do Golden State. Neste capítulo, você explorará os caminhos onde o tempo parou e os ecos do passado ressoam em museus e enclaves históricos. Aperte o cinto de segurança ao embarcar em uma viagem pela encruzilhada cultural da Califórnia.

The Getty Center: um ícone cultural revelado

Elesnossa odisséia cultural começa bem acima da extensa paisagem urbana de Los Angeles, onde o Getty Center se ergue orgulhosamente como um testemunho da convergência harmoniosa de arte, arquitetura e natureza. Visualize a jornada – cada passo subindo os degraus revestidos de travertino, uma subida deliberada que transporta você da agitação urbana para um reino onde o brilho artístico se revela em meio a jardins exuberantes e maravilhas modernistas.

À medida que você sobe, a cidade gradualmente cede seu destaque à beleza etérea do Getty Center. O panorama arquitetônico, uma visão elaborada por Richard Meier, apresenta uma maravilha modernista com estruturas totalmente brancas contra o céu azul da Califórnia. O Getty Center não é apenas um museu; é uma afirmação grandiosa, uma experiência envolvente que começa antes mesmo de você colocar os pés lá dentro.

A Grande Galeria: uma tapeçaria de obras-primas
Entre nas galerias e você será instantaneamente envolvido por uma tapeçaria de obras-primas que abrange épocas da história da arte. Imagine estar diante das "Írises" de Van Gogh, os tons vibrantes e os traços texturizados que transportam você para a essência das emoções do artista. Os retratos de Rembrandt ganham vida, capturando o jogo matizado de luz e sombra que define sua maestria atemporal.

Cada pincelada torna-se um portal, uma janela para a alma do artista. A coleção do Getty Center não é um mero conjunto de obras de arte; é uma narrativa com curadoria que revela as histórias de mentes criativas ao longo dos séculos. O diálogo silencioso entre o espectador e a tela ecoa pelos corredores, forjando uma conexão que transcende o tempo e o espaço.

Jardim Central: uma escultura viva de contemplação
À medida que você navega pelos extensos jardins, o Jardim Central emerge como uma escultura viva projetada pelo artista Robert Irwin. Visualize caminhos labirínticos que levam você através de um santuário verdejante, onde a flora vibrante e as paisagens cuidadosamente selecionadas atraem a contemplação. A justaposição da vegetação contra as linhas angulares da arquitetura cria um diálogo harmonioso entre o feito pelo homem e o orgânico.

Aqui, em meio ao caos da natureza, encontre um banco tranquilo ou passeie por caminhos de pedra. O Jardim Central não é apenas um complemento estético do museu; é um espaço pensado para evocar a reflexão e inspirar o diálogo entre o observador e o entorno. Cada curva revela uma nova vista, um novo ângulo através do qual se pode apreciar a fusão entre arte e natureza.

Getty Research Institute: um tesouro de exploração acadêmica

Aventure-se ainda mais nas profundezas culturais do Getty Center, onde o Getty Research Institute acena com seu fascínio intelectual. Imagine explorar um tesouro de recursos acadêmicos, investigando arquivos que abrigam livros raros, manuscritos e documentos que desvendam as complexidades da história da arte. O Getty Center transcende o papel de mero repositório de arte; é um santuário para a exploração intelectual, convidando você a mergulhar no diálogo atemporal entre criatividade e contemplação.

O instituto serve como uma ponte entre o passado e o presente, onde pesquisadores e acadêmicos se envolvem com os tesouros guardados dentro de seus muros. Não é apenas um espaço acadêmico; é um farol que ilumina o discurso contínuo em torno da arte, oferecendo uma plataforma para a evolução de ideias e perspectivas.

Getty Center: um ícone cultural além do tempo

Na sua totalidade, o Getty Center é mais do que um museu – é um ícone cultural que transcende o tempo. Convida a passear pelas épocas, a percorrer as paisagens da evolução artística e a mergulhar no diálogo intemporal entre a criatividade e a contemplação. O Getty Center é um testemunho vivo da ideia de que a arte não se limita às telas e esculturas, mas se estende à própria arquitetura que a abriga e às paisagens que a rodeiam.

Caro entusiasta da arte, enquanto você se prepara para continuar sua jornada cultural pelos museus e enclaves históricos da Califórnia, deixe a experiência no Getty Center permanecer em seus pensamentos – um vislumbre das possibilidades ilimitadas de expressão artística e exploração cultural.

USS Midway: História em Movimento - Uma Odisséia Marítima

Suba a bordo do USS Midway, onde as correntes do tempo convergem com os ventos marítimos e a história se desenrola numa sinfonia de movimento. Imagine-se na cabine de comando, onde a ascensão e queda rítmica das aeronaves contam histórias de valor e evolução tecnológica. O USS Midway é mais que um museu; é um testemunho dinâmico da coragem e resiliência da história naval americana.

De pé na cabine de comando: um sopro de história
Visualize a extensão da cabine de comando que se estende à sua frente, uma tela onde o legado da aviação naval é pintado nos tons impressionantes do céu azul e no cinza aço do convés do navio. Sinta a brisa do mar trazendo consigo os ecos de épocas passadas: aviões de guerra antigos catapultando para o céu, caças modernos pousando com precisão. A cabine de comando do USS Midway não é apenas um palco; é um teatro de história, onde os aviões dançaram através dos tempos.

Ao estarmos neste palco histórico, o peso da história torna-se palpável. O USS Midway, comissionado logo após a Segunda Guerra Mundial, serviu aos Estados Unidos por quase 50 anos. Desempenhou papéis fundamentais em conflitos como o do Vietname e a

Operação Tempestade no Deserto, incorporando a natureza evolutiva da guerra naval.

Explorando o convés inferior: a pulsação do porta-aviões

Desça pelos corredores labirínticos abaixo do convés, onde a pulsação do transportador bate nos alojamentos, salas de máquinas e centros de comando. Imagine-se navegando por passagens estreitas, obtendo insights sobre a vida cotidiana dos marinheiros que moravam no USS Midway.

Explore os alojamentos, onde beliches ocupam espaços compactos e as áreas comuns ecoam a camaradagem dos militares. Visite as salas de máquinas, onde o zumbido das máquinas se transforma em uma sinfonia de poder, conduzindo o colossal porta-aviões pelas vastas extensões do Pacífico. Entre nos centros de comando, onde eram tomadas decisões estratégicas, e os sistemas de comunicação ligavam o navio ao teatro mais amplo de operações navais.

Os corredores abaixo do convés não são apenas passagens; são cápsulas do tempo que o transportam para uma época em que o USS Midway não era apenas um navio de guerra, mas uma comunidade flutuante onde os indivíduos forjavam laços que transcendiam os desafios da vida no mar.

Coreografia da cabine de comando: um balé da história da aviação

Veja a cabine de comando ganhar vida ao exibir uma impressionante variedade de aeronaves, cada uma com sua própria narrativa gravada nos anais da história da aviação. Aviões de guerra antigos, adornados com as marcas de sua época, ficam ao lado de caças modernos, formando uma coreografia que abrange décadas de avanço tecnológico.

As aeronaves na cabine de comando não são meros artefatos; são testemunhas vivas da evolução da aviação naval. Envolva-se com as histórias que eles contam – as missões ousadas que empreenderam, as vitórias que alcançaram e os desafios que enfrentaram. A cabine de comando do USS Midway é um museu vivo onde a história voa e as aeronaves suspensas em seu meio tornam-se embaixadoras da coragem e da inovação.

Exposições interativas: unindo o passado e o presente
Participe de exposições interativas que preenchem a lacuna entre o passado e o presente. Imagine-se em um simulador de vôo, experimentando a adrenalina do lançamento de uma catapulta ou a precisão do pouso de um porta-aviões. Ouça relatos em primeira mão de veteranos navais, suas narrativas tecendo uma tapeçaria de sacrifício, dedicação e o espírito indomável que define o serviço a bordo de um porta-aviões.

O USS Midway não é uma relíquia estática do passado; é uma entidade viva que o convida a participar das histórias que guarda. As exposições interativas proporcionam uma imersão sensorial nos desafios enfrentados pelos marinheiros e na tomada de decisões estratégicas que moldaram as operações navais. À medida que você se aprofunda nessas exposições, a história ganha vida e o USS Midway se torna um navio do tempo, transportando você pelos altos e baixos da história militar americana.

Uma viagem pela história militar americana: coragem e camaradagem

O USS Midway é uma viagem pelos anais da história militar americana, onde histórias de coragem e camaradagem se desenrolam no vasto cenário do Pacífico. Imagine os marinheiros, vestidos com seus uniformes distintos, trabalhando em uníssono para garantir a eficiência operacional do porta-aviões. A camaradagem forjada no cadinho do serviço naval torna-se evidente nas experiências partilhadas, nos desafios enfrentados e nos triunfos celebrados.

Imagine estar na ponte, onde os comandantes antes dirigiam o porta-aviões através das complexidades das operações navais. O USS Midway, com a sua importância estratégica e versatilidade operacional, resume a resiliência das forças navais americanas. É um símbolo de força, adaptabilidade e compromisso inabalável com a defesa da liberdade em alto mar.

À medida que você atravessa os conveses, da cabine de comando aos alojamentos, das casas de máquinas aos centros de comando, o USS Midway convida à reflexão sobre as profundas contribuições daqueles que serviram.

O transportador não é apenas um navio; é um monumento aos sacrifícios feitos e às vitórias alcançadas na defesa da liberdade.

Simulações de voo: asas da história

Entre no mundo das simulações de voo, onde você poderá vivenciar os momentos de adrenalina da aviação naval. Imagine-se na cabine, segurando os controles enquanto a catapulta o lança para o céu ou guiando sua aeronave com precisão para um pouso de porta-aviões. As simulações de voo no USS Midway não são apenas experiências virtuais; são uma homenagem aos aviadores habilidosos que executaram essas manobras diante dos desafios do mundo real.

À medida que você participa dessas simulações, o barulho dos motores a jato o envolve e o convés se inclina com o movimento do porta-aviões. É um encontro visceral com as complexidades e emoções da aviação naval, permitindo-lhe apreciar a habilidade e a coragem necessárias para operar aeronaves no espaço confinado e dinâmico de um convés de porta-aviões.

Vozes de Veteranos: Narrativas de Valor
Navegue pelas histórias orais e narrativas de veteranos navais, onde relatos pessoais se tornam os fios que tecem a tapeçaria de coragem e dedicação. Imagine ouvir histórias de pilotos lançando-se para o desconhecido, tripulações de convés coordenando o balé de aeronaves e oficiais tomando decisões estratégicas no calor da batalha.

Esses relatos em primeira mão transcendem as páginas dos livros de história, oferecendo um vislumbre do lado humano do serviço naval. O USS Midway torna-se um navio não apenas de aço e maquinaria, mas de histórias humanas – de indivíduos que enfrentaram desafios com resiliência, construíram amizades duradouras e contribuíram para o rico legado do porta-aviões.

Culminação da Coragem: Uma Sinfonia em Aço
A cabine de comando do USS Midway, com suas aeronaves suspensas e vistas panorâmicas do Pacífico, não é apenas um palco; é uma sinfonia em aço. Cada aeronave, posicionada com precisão, torna-se um marco na grande composição da história naval. Imagine o balé

aéreo – a ascensão e queda dos aviões, as imagens impressionantes das decolagens e aterrissagens e os movimentos orquestrados que definiram a dança operacional do porta-aviões.

A cabine de comando, que já foi o centro operacional do USS Midway, agora é um memorial à resiliência e adaptabilidade das forças navais americanas. É uma prova da bravura daqueles que serviram, com suas contribuições gravadas na própria estrutura da transportadora.

The Getty Villa: Ressuscitando a Arte Antiga - Uma Viagem no Tempo

Nossa odisséia cultural atinge o auge quando entramos nos terrenos sagrados da Getty Villa em Malibu. Este refúgio de tesouros clássicos acena e, ao cruzar seu limiar, prepare-se para ser transportado pelos anais da história – uma jornada que transcende meras visitas a museus e se torna uma peregrinação ao coração da arte e da arquitetura antigas.

Os jardins encantadores: um prelúdio à antiguidade
Imagine o barulho do cascalho sob seus pés enquanto você caminha pelos jardins, meticulosamente projetados para evocar o espírito das antigas paisagens romanas e gregas. O ar está repleto do aroma inebriante das ervas mediterrâneas – alecrim, lavanda e tomilho. Estes jardins não são meramente ornamentais; eles são um prelúdio sensorial, uma transição que prepara você para as maravilhas estéticas que estão dentro de você.

A arquitetura, uma homenagem à grandiosidade das vilas romanas, desdobra-se diante de você. O design do Getty Villa não é uma mera recriação, mas uma meticulosa ressurreição de formas clássicas. As colunatas, o peristilo e os afrescos detalhados transportam você para uma época em que a beleza era uma linguagem falada em cada coluna e mosaico.

Galerias da Antiguidade: uma tapeçaria de esplendores
Entre nas galerias adornadas com antiguidades e você entrará em uma cápsula do tempo. Aqui, o Getty Villa não é apenas um repositório de artefatos; é um guardião

de histórias gravadas em pedra e barro. As esculturas gregas permanecem congeladas numa graça eterna, e as suas formas de mármore capturam a essência da emoção humana. Os mosaicos romanos tecem histórias da vida cotidiana em vibrantes padrões de mosaico.

A arquitetura das galerias, com iluminação suave e espaços cuidadosamente selecionados, permite que as exposições respirem. À medida que você passa de uma obra-prima para outra, o Getty Villa se torna um diálogo vivo entre o passado e o presente, onde a arte das mãos antigas converge com o olhar dos admiradores modernos.

Um portal para uma era passada: a homenagem arquitetônica do Getty Villa

O Getty Villa não é apenas um museu; é um portal de viagem no tempo. A homenagem arquitetónica às vilas romanas, com os seus pátios abertos e jardins peristilo, é uma escolha deliberada para mergulhar os visitantes nos ritmos quotidianos da vida antiga. Colunas, afrescos e reproduções detalhadas transportam você ao coração da civilização clássica.

Cada detalhe é um aceno deliberado à autenticidade. A ressurreição arquitetônica do Getty Villa não se trata de replicação; trata-se de capturar o espírito de uma época passada. O jogo sutil de luz na pedra, a interação de sombras nas passarelas com colunatas – tudo contribui para uma experiência imersiva que transcende as fronteiras do tempo.

Peregrinação Educacional: Desvendando os Mistérios
O Getty Villa não é apenas um museu estático; é uma instituição dinâmica que convida você a participar de programas educacionais e palestras. Aqui, os mistérios da arte antiga são desvendados por especialistas apaixonados por compartilhar as nuances da civilização clássica.

Imagine assistir a uma palestra sobre o simbolismo por trás da cerâmica grega ou participar de um workshop onde você experimentará a fabricação de mosaicos. A Getty Villa não é apenas um espaço de observação passiva; é uma arena para envolvimento ativo, onde a exploração da arte antiga se torna um esforço participativo.

Ressurreição Cultural: Comungando com Antigos Artesãos

Comunique-se com o artesanato de artesãos antigos diante de esculturas e artefatos que outrora adornavam templos e vilas. A Getty Villa não é apenas uma coleção com curadoria; é uma prova da habilidade e da visão daqueles que moldaram os ideais estéticos de uma época passada.

Ao contemplar os detalhes intricados de uma estátua romana ou as pinceladas delicadas de uma ânfora grega, sinta uma conexão com as mãos que criaram essas obras-primas. A Getty Villa é uma ressurreição cultural, um espaço onde a arte da antiguidade não se limita aos livros de história, mas ganha vida em todo o seu esplendor.

Uma ressonância cultural

Caro turista, The Getty Villa é uma estadia cultural que transcende as fronteiras do tempo. Ao participar das delícias sensoriais dos jardins, passear pelas galerias adornadas com antiguidades e se envolver em atividades educacionais, você se torna não apenas um espectador, mas um participante da ressonância cultural da arte antiga.

Este capítulo da sua exploração cultural californiana revelou a Getty Villa como um santuário – um lugar onde os esplendores da civilização clássica não são apenas preservados, mas também ressuscitados para que as mentes modernas se maravilhem. Ao se preparar para avançar em nossa jornada no tempo, antecipe novas maravilhas culturais que aguardam nossa descoberta.

Trilhas missionárias e Adobes históricos: um passeio pelo legado colonial da Califórnia

Ao mergulhar nos enclaves históricos de Mission Trails e nos adobes preservados, você embarcará em uma viagem no tempo, traçando os ecos do passado colonial da Califórnia. Imagine-se banhado pelo sol quente, percorrendo os caminhos ensolarados da Missão San Juan Capistrano – um lugar onde os passos dos missionários espanhóis deixaram uma marca indelével na paisagem.

Missão San Juan Capistrano: Ecos da Devoção Espanhola

A viagem começa em meio à beleza rústica da Missão San Juan Capistrano. Os pátios ecoam os sussurros da história e os sinos da capela tocam com uma ressonância que transcende os séculos. Aqui, as paredes de adobe contam histórias de devoção e intercâmbio cultural, enquanto as comunidades indígenas se envolvem com os missionários espanhóis numa dança transformadora de fé.

Passeie pelos salões sagrados onde antes aconteciam cerimônias religiosas, e os remanescentes arquitetônicos são um testemunho do legado duradouro do colonialismo espanhol. Os jardins, adornados com flora florida, criam um ambiente tranquilo, convidando à contemplação da intrincada interação entre natureza e espiritualidade.

Adobes preservados em Los Angeles: testemunhas da transição

A exploração se estende até o coração de Los Angeles, onde os adobes preservados são testemunhas silenciosas da transição da Califórnia do colonialismo espanhol para o domínio mexicano e a eventual criação de um Estado americano. Comece em Avila Adobe, a residência mais antiga da cidade – um artefato vivo que dá vida às histórias dos primeiros colonizadores californianos.

Imagine passar pelas portas do Avila Adobe, onde grossas paredes de adobe proporcionam um descanso da movimentada paisagem urbana lá fora. Os telhados vermelhos, característicos da arquitetura espanhola, abrigam histórias de famílias que chamaram esta casa de adobe durante um período crucial na história da Califórnia.

Siga para El Molino Viejo em Pasadena, um adobe assustadoramente belo que captura a essência de uma época passada. Envolvido em paredes que resistiram aos séculos, este adobe transporta-o para uma época em que os ritmos de vida eram ditados pelas estações e a simplicidade da construção em adobe definia a estética arquitectónica.

Trilhas missionárias: uma caminhada pela história

Elesnossa jornada continua com uma caminhada pelas Mission Trails, onde os vestígios das missões espanholas se desdobram em meio a paisagens pitorescas. Imagine caminhar pelas trilhas, cercado pelo encanto rústico do terreno da Califórnia. Cada passo desvenda as camadas da história, revelando o amálgama cultural que moldou o modo de vida californiano.

Os vestígios das missões espanholas permanecem como marcadores solenes de uma época em que as tradições indígenas se entrelaçaram com a influência espanhola. As estruturas de adobe, com sua arquitetura distinta, tornam-se pedras de toque de um período em que as comunidades forjaram novas identidades através de uma fusão de influências indígenas, espanholas e mexicanas.

Tapeçaria cultural da Califórnia: uma pincelada na tela

Caro turista, enquanto você atravessa a encruzilhada cultural da Califórnia – explorando o brilho artístico do The Getty Center, navegando pela história viva do USS Midway, ressuscitando a arte antiga no The Getty Villa e traçando os ecos coloniais nas Mission Trails e nos adobes históricos – cada um encontro torna-se uma pincelada na tela de nossa jornada pela Califórnia.

A tapeçaria cultural da Califórnia aguarda mais exploração, cada fio entrelaçando as diversas influências que moldaram este estado dourado. Ao se preparar para a próxima etapa da sua expedição, antecipe novos capítulos de descoberta e deleite. Avance para novas maravilhas culturais que prometem desvendar mais camadas da rica herança da Califórnia.

CAPÍTULO 7

ESCAPADAS AO AR LIVRE: CAMINHADAS, BICICLETA E ALÉM

À medida que você avança para o sétimo capítulo de sua exploração pela Califórnia, a paisagem se transforma em um playground para os entusiastas de atividades ao ar livre. Neste capítulo, mergulharemos nos diversos reinos das aventuras ao ar livre, desde as alturas sublimes das trilhas nas montanhas até o fluxo rítmico das ciclovias costeiras. Coloque suas botas de caminhada, tire a poeira do seu equipamento de ciclismo e prepare-se para uma jornada que abrange as maravilhas selvagens da Califórnia.

Paraísos para caminhadas: trilhas para todos os níveis de habilidade

Embarque em uma viagem visual pelas diversas paisagens dos paraísos para caminhadas da Califórnia, onde as trilhas se desenrolam como capítulos de uma história cativante. Sua escapada começa com os serenos passeios costeiros da Reserva Natural Estadual de Point Lobos, um lugar onde o encontro da terra e do mar cria um espetáculo de beleza natural.

Serenidade Costeira na Reserva Natural Estadual de Point Lobos
Sinta a brisa fresca do oceano ao pisar nas trilhas de Point Lobos. A reserva costeira, adornada com costões rochosos e bosques de ciprestes, convida você a explorar enseadas escondidas e deleitar-se com as vistas panorâmicas do Pacífico. As trilhas, suaves mas envolventes, guiam você ao longo da costa acidentada, revelando cenas que capturam a essência do esplendor costeiro da Califórnia. Ao percorrer esses caminhos, cada curva apresenta uma nova vista, desde falésias dramáticas até baías tranquilas, fazendo de Point Lobos um paraíso para os caminhantes que buscam uma mistura de serenidade e paisagens de tirar o fôlego.

Trilha Panorama de Yosemite: Uma Vista de Grandeza

Fazendo a transição para a grandiosidade do Parque Nacional de Yosemite, a Trilha Panorama acena com a promessa de vistas inspiradoras. Imagine-se subindo por prados alpinos e florestas com cheiro de pinheiro até chegar ao icônico Glacier Point. Este ponto de vista oferece uma tela panorâmica onde a silhueta icônica do Half Dome domina o horizonte. A Trilha Panorama, embora desafiadora, recompensa seus esforços com a majestade das terras altas de Yosemite. É uma viagem que eleva não apenas a sua altitude física, mas também a sua conexão com a beleza atemporal da natureza selvagem da Califórnia.

Trilha do oásis Lost Palms em Joshua Tree: Desert Majesty

Das maravilhas alpinas de Yosemite, sua caminhada transita para a beleza do Parque Nacional Joshua Tree. A trilha Lost Palms Oasis se desenrola em meio ao deserto de Joshua Tree, conduzindo você por uma paisagem de beleza única. Imagine caminhar pela extensão árida, cercado por Joshua Trees, até que a trilha revele um oásis escondido – um forte contraste com a robustez do deserto. As palmeiras, prosperando neste local isolado, criam um santuário onde a majestade do deserto assume uma tonalidade diferente. A trilha Lost Palms Oasis é uma prova da diversidade das paisagens da Califórnia, oferecendo um vislumbre do esplendor tranquilo do deserto.

Ao percorrer as trilhas dos paraísos para caminhadas da Califórnia, desde a serenidade costeira de Point Lobos até a grandeza alpina de Yosemite e a majestade do deserto de Joshua Tree, cada passo é uma pincelada na tela de sua jornada californiana. As trilhas atendem a todos os níveis de habilidade, convidando você a explorar, descobrir e se conectar com as maravilhas naturais que definem esse estado dourado. Ao preparar-se para a próxima etapa desta expedição, antecipe novos horizontes e paisagens que prometem cativar os seus sentidos.

Biking Bliss: rotas costeiras e trilhas de montanha

Elesnossa exploração da felicidade ao ar livre dá uma volta no mundo do ciclismo, onde o zumbido rítmico das rodas se torna a trilha sonora de nossa aventura. Desde rotas costeiras que abraçam o Pacífico até trilhas de montanha que desafiam os ciclistas mais experientes, a felicidade do ciclismo na Califórnia é uma tapeçaria tecida com terrenos diversos.

Rodovia da Costa do Pacífico: pedalando ao longo do fim do mundo

Imagine navegar pela icônica Pacific Coast Highway, a vasta extensão do Oceano Pacífico que se estende infinitamente ao seu lado. Esta rota costeira, muitas vezes aclamada como um dos passeios mais belos do mundo, transforma-se num paraíso para ciclistas. As estradas sinuosas levam você por falésias escarpadas, praias imaculadas e encantadoras cidades costeiras, criando uma viagem tão emocionante quanto pitoresca.

À medida que você pedala, a brisa salgada do oceano revigora seus sentidos e as vistas panorâmicas do litoral se revelam a cada curva. É um passeio onde o movimento rítmico da sua bicicleta está em harmonia com a rebentação das ondas e as paisagens costeiras tornam-se um panorama vívido da grandeza da natureza. Dos belos penhascos de Malibu ao charme singular de Santa Cruz, cada trecho da Pacific Coast Highway oferece uma experiência única de ciclismo.

Trilhas em declive de Mammoth Mountain: aventura movida a gravidade
Para aqueles que buscam adrenalina, sua escapada de bicicleta sobe até as alturas da Mammoth Mountain. Este playground ao ar livre se transforma em um paraíso para ciclistas em declive durante os meses de verão. Imagine-se preparando-se para o cume da montanha, cercado pelos picos nevados da Sierra Nevada.

A descida é uma aventura movida pela gravidade, onde as trilhas serpenteiam por prados alpinos e florestas de coníferas. O cenário montanhoso oferece uma tela emocionante para sua expedição de bicicleta. A variedade de trilhas atende a ciclistas de todos os níveis, desde iniciantes que procuram um passeio panorâmico até ciclistas experientes que desejam descidas técnicas e terrenos desafiadores. À medida que você navega pelas curvas e curvas, a experiência imersiva de descer a velocidade pela Mammoth Mountain torna-se uma prova da alegria do mountain bike.

Trilha Flume do Lago Tahoe: serenidade alpina sobre duas rodas

Nossa jornada de bicicleta continua até as margens imaculadas do Lago Tahoe, onde a Trilha Flume se revela como uma obra-prima cênica. Imagine-se pedalando pela beira do lago, com vistas deslumbrantes das águas cristalinas e das montanhas circundantes.

A Flume Trail é uma aventura alpina que oferece uma mistura perfeita de adrenalina e serenidade. O singletrack serpenteia por florestas e prados, proporcionando momentos de tranquilidade alpina em meio à alegria do ciclismo. A rota leva você pelos caminhos históricos das calhas, onde calhas de madeira transportavam madeira durante a corrida da prata.

Enquanto você cavalga, o cheiro de pinho preenche o ar e a extensão azul do Lago Tahoe se estende ao seu lado. É uma viagem que resume a beleza das paisagens montanhosas da Califórnia, combinando a emoção do ciclismo com a experiência imersiva do esplendor da natureza.

Caro aventureiro, neste capítulo da felicidade do ciclismo, a Califórnia convida você a abraçar a liberdade da estrada aberta ao longo da Pacific Coast Highway, conquistar as emocionantes descidas da Mammoth Mountain e encontrar a serenidade alpina na Flume Trail, no Lago Tahoe. O ritmo das suas rodas transforma-se numa melodia que se harmoniza com as diversas paisagens deste estado dourado.

À medida que avançamos para o próximo capítulo das suas aventuras ao ar livre, antecipe novas aventuras e horizontes que prometem cativar os seus sentidos. As trilhas o aguardam e a alegria de pedalar pelas maravilhas cênicas da Califórnia continua.

Maravilhas Aquáticas: Caiaque, Rafting e Mais

À medida que suas aventuras envolvem as maravilhas aquáticas da Califórnia, o ritmo dos remos e a agitação dos rios tornam-se o coração da nossa aventura. Desde passeios tranquilos de caiaque em lagos serenos até a adrenalina do rafting em corredeiras, os canais da Califórnia oferecem um espectro diversificado de experiências aquáticas.

Caiaque no Lago Tahoe: exploração cristalina
Imagine-se deslizando pelas águas cristalinas do Lago Tahoe, cercado pelos picos imponentes da Sierra Nevada. Andar de caiaque no Lago Tahoe é uma exploração serena da beleza alpina. Reme ao longo da costa, descobrindo enseadas escondidas e praias imaculadas. A clareza da água permite vislumbrar o mundo subaquático, onde rochas e flora aquática criam uma paisagem etérea abaixo da superfície.

Kern River Rafting: Adrenalina nas Corredeiras

Elessua aventura aquática toma um rumo aventureiro enquanto você navega pelas emocionantes corredeiras do rio Kern. Imagine-se em uma jangada, com as ondas brancas desafiando suas habilidades enquanto você navega pelas curvas e curvas do rio. Kern River oferece uma variedade de experiências de rafting, desde seções para iniciantes até corredeiras Classe V cheias de adrenalina para os caçadores de emoções experientes.

Exploração costeira de caiaque em Big Sur: enseadas escondidas e cavernas marinhas
Fazendo a transição para a beleza acidentada de Big Sur, sua jornada aquática se desenrola através da canoagem costeira. Imagine remar ao longo dos penhascos dramáticos, explorar enseadas escondidas e aventurar-se em cavernas marinhas escavadas pelo implacável Oceano Pacífico. O litoral de Big Sur, com seus penhascos íngremes e promontórios rochosos, torna-se uma tela para exploração, convidando os praticantes de caiaque a mergulhar na beleza indomada da costa da Califórnia.

Sky's the Limit: balão de ar quente e parapente

Elessua exploração de aventuras ao ar livre atinge novos patamares - literalmente - à medida que você sobe aos céus, onde a vasta extensão se torna nossa tela. Desde o suave movimento dos balões de ar quente sobre os vinhedos de Napa Valley até os voos ousados dos parapentes ao longo dos penhascos costeiros, os céus da Califórnia nos convidam a voar além dos limites.

Balão de ar quente em Napa Valley: sinfonia aérea de vinhedos

Imagine acordar com o amanhecer, o ar fresco da manhã transportando você suavemente sobre os vinhedos icônicos de Napa Valley. Andar de balão sobre Napa é uma sinfonia sensorial, com a colcha de retalhos de vinhedos abaixo e as colinas distantes pintadas em tons de nascer do sol. Navegue serenamente pela paisagem, bebendo champanhe enquanto o mundo se desenrola abaixo de você em um panorama de elegância da região vinícola.

À medida que o balão sobe, as cores do nascer do sol transformam o vale numa tela de tons quentes. As vinhas, ainda envoltas pela neblina matinal, ganham vida com as primeiras luzes. Desta perspectiva elevada, você testemunha os intrincados padrões das vinhas, as curvas sinuosas do rio Napa e as colinas onduladas que definem esta renomada região vinícola. A quietude da manhã, interrompida apenas pelo acendimento ocasional do queimador, cria uma sensação de tranquilidade que contrasta com as vistas deslumbrantes abaixo.

A experiência se torna uma mistura de serenidade e celebração. Taças de champanhe tilintam enquanto os passageiros brindam à beleza que se desenrola ao seu redor. O balanço suave do balão acrescenta um tom rítmico à viagem. À medida que o sol emerge plenamente, lançando seu brilho dourado sobre a paisagem, o passeio de balão de ar quente em Napa Valley torna-se uma viagem atemporal, uma dança com os elementos e uma ode à arte da natureza.

Parapente ao longo de Torrey Pines: subida costeira

Nossa escapada aérea toma um rumo ousado ao nos aventurarmos nas falésias costeiras de Torrey Pines. Imagine-se preso a um parapente, lançando-se das falésias com o Oceano Pacífico estendendo-se até o horizonte. A emoção de voar acima da costa, sentir o vento passar e testemunhar as ondas batendo nas falésias abaixo cria uma sensação de liberdade e alegria que define o espírito do parapente.

À medida que você dá o salto, a adrenalina se transforma em uma dança silenciosa com o vento. As falésias de Torrey Pines tornam-se palco desta performance aérea, onde se controla os movimentos, navegando entre correntes ascendentes e ventos fortes. O litoral se desdobra abaixo de você como uma tapeçaria viva, com falésias escarpadas, praias arenosas e águas azuis criando uma paisagem dinâmica que muda a cada curva.

Torrey Pines oferece uma experiência única de parapente, onde a convergência da brisa marítima e da topografia costeira cria condições ideais para voos elevados. A proximidade com o oceano acrescenta uma dimensão extra à aventura, com o cheiro da água salgada no ar e o som ritmado das ondas acompanhando a sua viagem. É uma dança com a natureza, onde você se torna parte da brisa costeira, navegando nas correntes invisíveis com o Pacífico como pano de fundo.

Parapente no Glacier Point de Yosemite: aventura em alta altitude

Fazendo a transição para as paisagens icônicas de Yosemite, sua aventura de parapente se desenrola nas alturas de Glacier Point. Imagine o lançamento deste ponto de vista de tirar o fôlego, elevando-se acima das falésias de granito e dos marcos icônicos do parque. A experiência de parapente em Yosemite combina aventura em grandes altitudes com vistas incomparáveis, oferecendo uma perspectiva única sobre a grandeza desta maravilha natural.

Ao decolar de Glacier Point, as vistas panorâmicas do Vale de Yosemite se espalham abaixo de você como um mapa tridimensional. Os marcos icônicos, incluindo Half Dome e El Capitan, aparecem em miniatura, enfatizando a escala das maravilhas geológicas de Yosemite. A vastidão da Serra Nevada estende-se em todas as direcções, com picos nevados, prados alpinos e lagos cristalinos pontilhando a paisagem.

A elevação do Glacier Point adiciona uma camada extra de emoção à experiência do parapente. A descida leva você por diferentes altitudes, permitindo que você testemunhe os diversos ecossistemas de Yosemite a partir de uma visão panorâmica. O zumbido silencioso do vento em seus ouvidos e as vistas deslumbrantes criam uma sensação de solidão e conexão com a natureza selvagem. O Glacier Point de Yosemite se torna não apenas um local de lançamento, mas uma porta de entrada para a beleza etérea do parapente em grandes altitudes.

Enquanto você atravessa paisagens de aventuras ao ar livre, explorando paraísos para caminhadas que atendem a todos os níveis de habilidade, experimentando a emoção rítmica da felicidade do ciclismo ao longo de rotas costeiras e trilhas nas montanhas, mergulhando nas maravilhas aquáticas da canoagem e do rafting e alcançando novas alturas através do ar quente balonismo e parapente – você estará imerso na diversidade de atividades ao ar livre da Califórnia.

As trilhas acenam

ElesNossa aventura de caminhada convida você a percorrer as diversas trilhas da Califórnia, desde a serenidade costeira de Point Lobos até a grandeza alpina da Trilha Panorama de Yosemite. Cada passo é uma comunhão com a natureza, uma viagem que desvenda as ricas paisagens e a beleza indomada deste estado dourado.

Aventuras de bicicleta se desenrolam

Embarque na felicidade do ciclismo enquanto navega pela icônica Pacific Coast Highway, desce pelas trilhas emocionantes da Mammoth Mountain e pedala pela serenidade alpina da Flume Trail do Lago Tahoe. As ciclovias da Califórnia são uma sinfonia de beleza cênica e aventura cheia de adrenalina.

Maravilhas aquáticas aguardam

O A jornada aquática leva você a passear de caiaque nas águas cristalinas do Lago Tahoe, fazer rafting pelas corredeiras do rio Kern e explorar a dramática costa de

Big Sur de caiaque. Cada experiência aquática oferece uma perspectiva única sobre os canais da Califórnia, desde a exploração serena até a aventura emocionante.

Subindo para novas alturas

Ao subir a novas alturas, imagine-se flutuando suavemente sobre os vinhedos de Napa Valley em um balão de ar quente, saboreando a sinfonia aérea de cores. Em seguida, embarque nos voos ousados de parapentes ao longo dos penhascos costeiros de Torrey Pines e do Glacier Point de Yosemite, onde o céu é o limite e as vistas deslumbrantes se desdobram abaixo de você.

Neste capítulo de aventuras ao ar livre, a Califórnia convida você a ultrapassar limites, abraçar a aventura e se conectar com a beleza crua de suas diversas paisagens. Ao se preparar para a transição para o próximo capítulo, antecipe novos horizontes e paisagens que prometem cativar os seus sentidos.

O chamado do ar livre nos aguarda, e a próxima etapa da nossa aventura promete ser tão emocionante quanto a brisa em uma trilha na montanha ou a correnteza de um rio. Até lá, mantenha vivo o espírito de exploração e que as trilhas, as ondas e o céu continuem a tecer sua magia em sua jornada pela Califórnia.

CAPÍTULO 8

EXTRAVAGÂNCIA DE ENTRETENIMENTO: HOLLYWOOD E MAIS

Embarque em uma jornada cativante pela vibrante tapeçaria do Entertainment Extravaganza da Califórnia, onde o glamour de Hollywood, marcos icônicos, movimentados bairros de entretenimento, festivais de cinema e encontros repletos de estrelas se entrelaçam para criar uma narrativa que transcende o comum.

Glamour de Hollywood e marcos icônicos

Entre no fascinante mundo de Hollywood, onde o glamour e os marcos icônicos pintam uma tapeçaria cinematográfica que transcende o tempo. Sua expedição ao mundo do entretenimento da Califórnia é uma viagem pelo epítome do fascínio cinematográfico, um lugar onde os sonhos são roteirizados e a magia da tela prateada ganha vida.

Calçada da Fama de Hollywood: Passeio Celestial
Imagine-se caminhando pela lendária Calçada da Fama de Hollywood, onde os nomes de estrelas icônicas são imortalizados em estrelas douradas brilhantes sob seus pés. Cada passo é um encontro celestial com as lendas da indústria do entretenimento, uma caminhada que ecoa os passos daqueles que deixaram uma marca indelével no mundo do cinema, da televisão, da música e do teatro. À medida que você traça as estrelas incrustadas nas calçadas, as histórias dos luminares de Hollywood se desenrolam sob a cobertura do sol da Califórnia.

TCL Chinese Theatre: onde as lendas deixam sua marca
Continue sua expedição ao histórico TCL Chinese Theatre, um santuário cinematográfico que convida você a trilhar o mesmo caminho das lendas do cinema. Imagine-se no pátio, rodeado pelas marcas indeléveis de mãos e pegadas famosas. O toque fresco do concreto sob suas mãos reflete a conexão tátil com a história do cinema. A arquitetura ornamentada do teatro, adornada

com dragões e detalhes intrincados, transporta você para uma época passada da era de ouro de Hollywood.

Hollywood Hills: um pináculo panorâmico

Aventure-se no terreno ondulado de Hollywood Hills, onde uma vista panorâmica o aguarda, enquadrando o icônico letreiro de Hollywood com a extensa paisagem urbana. À medida que você sobe, a expectativa aumenta e, quando você chega ao ponto de vista, o letreiro de Hollywood fica como uma sentinela sobre a cidade. Banhado pelos tons dourados do sol poente, o signo torna-se um símbolo de sonhos realizados e aspirações ainda por concretizar. A extensa cidade abaixo, com suas luzes cintilantes, captura a essência do fascínio de Hollywood – tanto mágico quanto inspirador.

Ao estar no topo de Hollywood Hills, você se torna parte de uma tradição que remonta ao início da indústria cinematográfica. A vista panorâmica não é apenas uma vista; é um reflexo dos sonhos, ambições e brilho cinematográfico que definiram o legado de Hollywood.

Concluindo, sua exploração do glamour e dos marcos icônicos de Hollywood é uma peregrinação pelo coração da história do entretenimento. A Calçada da Fama de

Hollywood, o TCL Chinese Theatre e Hollywood Hills juntos formam uma trilogia que encapsula a essência de Tinseltown. Cada passo é uma homenagem às estrelas que abriram o caminho, e cada marco é uma prova da magia duradoura de Hollywood.

Enquanto você se prepara para mergulhar no próximo capítulo de sua jornada pela Califórnia, deixe os ecos do fascínio de Hollywood permanecerem em sua imaginação. A saga cinematográfica continua e o desenrolar da narrativa promete momentos de admiração e inspiração. Então, querido viajante, deixe o fascínio do glamour de Hollywood ser o seu guia ao embarcar no próximo ato desta aventura cativante pelo coração do reino do entretenimento da Califórnia.

Distritos de entretenimento: da Sunset Strip ao Gaslamp Quarter

Embarque em uma viagem cativante pelos diversos distritos de entretenimento da Califórnia, cada um deles um capítulo único na narrativa cultural que define o Golden State. Da lendária Sunset Strip em West

Hollywood ao charme histórico do Gaslamp Quarter de San Diego, esses bairros são centros vibrantes onde a criatividade, a vida noturna e o fascínio histórico convergem para criar uma experiência envolvente.

Sunset Strip: ritmos lendários de West Hollywood
À medida que sua exploração avança, imagine-se passeando pela icônica Sunset Strip, em West Hollywood. Este trecho lendário da Sunset Boulevard não é apenas uma via; é um testemunho vivo da história e do glamour da indústria do entretenimento. Imagine a atmosfera elétrica ao passar por locais de música de renome mundial, como o Whiskey a Go Go, o Roxy Theatre e o Viper Room. A Sunset Strip tem sido palco de inúmeras apresentações lendárias, desde ícones do rock 'n' roll até talentos emergentes.

Ao cair da noite, as luzes de néon iluminam a avenida, lançando um brilho vibrante nas ruas. Imagine-se imerso na energia pulsante da vida noturna da cidade, onde clubes e bares icônicos realizam uma grande variedade de eventos. Esteja você com vontade de música ao vivo, shows de comédia ou lounges exclusivos, a Sunset Strip oferece uma mistura eclética de experiências que atendem a todos os gostos.

Gaslamp Quarter: charme histórico encontra fascínio contemporâneo

Fazendo a transição para o sul, sua jornada o levará ao Gaslamp Quarter de San Diego, um bairro onde o charme histórico combina perfeitamente com o encanto contemporâneo. Imagine o Gaslamp Quarter à noite, transformado em um país das maravilhas cativante, com arquitetura da era vitoriana banhada por um brilho quente. O Gaslamp Quarter é uma tela viva que reflete a evolução da cidade, preservando a sua história ao mesmo tempo que abraça o espírito do entretenimento moderno.

Imagine-se vagando pelas ruas de paralelepípedos de Gaslamp, cada passo ecoando as histórias do passado. O bairro é um mosaico cultural, oferecendo uma infinidade de experiências para cada visitante. De lounges sofisticados na cobertura com vistas panorâmicas do horizonte da cidade a bares de jazz intimistas e casas noturnas animadas, o Gaslamp Quarter atende a um público diversificado que busca entretenimento em suas diversas formas.

Lounges na cobertura e locais de música ao vivo: uma noite inesquecível

Ao explorar o cenário de entretenimento do Gaslamp Quarter, imagine o fascínio dos lounges na cobertura com seu ambiente elegante e vistas deslumbrantes das luzes da cidade. Imagine-se saboreando um coquetel artesanal enquanto a noite se desenrola ao seu redor, uma brisa suave trazendo o ritmo da música ao vivo de locais próximos.

Para aqueles que desejam apresentações ao vivo, imagine entrar em locais de música intimistas, onde o ar está carregado com a emoção de novos artistas e bandas consagradas. A cena musical ao vivo do Gaslamp Quarter é um caleidoscópio de gêneros, do jazz e blues ao indie e eletrônico, garantindo que cada noite mantenha a promessa de uma experiência única e memorável.

Arquitetura Histórica e Delícias Culinárias: Uma Experiência Completa

Ao atravessar o Gaslamp Quarter, deixe sua imaginação vagar por sua arquitetura histórica, onde edifícios da era vitoriana abrigam estabelecimentos modernos. Imagine parar em um café à beira da rua para um lanche noturno ou saborear uma refeição gourmet em um dos restaurantes aclamados do bairro. A cena culinária do Gaslamp Quarter complementa a sua oferta de entretenimento, convidando-o a saborear sabores de todo o mundo num cenário encantador.

Sua exploração dos distritos de entretenimento da Califórnia — da lendária Sunset Strip ao charme histórico do Gaslamp Quarter — é uma viagem no tempo e na criatividade. Cada distrito tece uma história única, convidando você a fazer parte da narrativa onde música, luzes e maravilhas arquitetônicas convergem para criar uma experiência inesquecível.

Ao se preparar para a transição para o próximo capítulo de sua jornada pela Califórnia, antecipe o desenrolar de novas narrativas e a descoberta de joias escondidas que acrescentam profundidade à tapeçaria cultural deste estado dourado. O palco está montado, as luzes diminuídas e a jornada pela Entertainment Extravaganza da Califórnia continua. Então, caro viajante, aperte o cinto, pois o próximo ato o aguarda, prometendo momentos de admiração e inspiração. Até então, deixe os ecos do glamour de Hollywood permanecerem em sua imaginação e que o ritmo da cena de entretenimento da Califórnia ressoe em seu coração.

Festivais de Cinema e Extravagâncias Culturais

Participe de uma odisséia cultural ao mergulhar no reino cativante dos festivais de cinema e das extravagâncias culturais, onde a magia do cinema e a vibração da expressão artística convergem para criar experiências inesquecíveis.

Festival de Cinema de Sundance: um paraíso cinematográfico nas montanhas

Imagine-se no meio dos picos nevados de Park City, Utah, participando do prestigiado Festival de Cinema de Sundance. O festival, sinónimo de cinema independente e de descoberta de talentos emergentes, desenrola-se num cenário de deslumbrantes vistas de montanha.

Imagine passear por ruas pitorescas repletas de edifícios históricos, cada um transformado em um local para exploração cinematográfica.

No Sundance, o ar está carregado de energia criativa enquanto cineastas, atores e cinéfilos de todo o mundo se reúnem para celebrar a arte de contar histórias. Picture participando de estreias de filmes inovadores, participando de discussões instigantes durante os painéis e testemunhando o nascimento de obras-primas cinematográficas. O ambiente intimista do festival promove uma camaradagem única, onde os participantes partilham uma paixão comum pela arte do cinema.

À medida que o sol se põe sobre a paisagem coberta de neve, mergulhe no mundo da narrativa, onde cada filme se torna uma viagem e cada exibição é uma experiência comunitária. Sundance não é apenas um festival; é um paraíso para a exploração cinematográfica, um lugar onde o amor pela narrativa transcende fronteiras.

Festival de música e artes de Coachella Valley: um fenômeno cultural no deserto

Fazendo a transição do mundo cinematográfico, imagine-se no coração do Deserto do Colorado, onde acontece o icônico Festival de Música e Artes de Coachella Valley. A paisagem do deserto se transforma em uma tela vibrante para brilho musical, instalações artísticas e uma celebração da liberdade criativa. Imagine o sol mergulhando no horizonte enquanto você se junta a um mar diversificado de festivaleiros, todos unidos por um amor compartilhado pela música e pela arte.

Coachella é mais que um festival de música; é um fenômeno cultural que transcende gêneros e mostra o caleidoscópio da expressão artística. Imagine navegar pelo recinto do festival adornado com instalações artísticas de grande escala, experiências imersivas e palcos que recebem apresentações de alguns dos músicos mais renomados do mundo. As batidas rítmicas de diferentes gêneros ressoam nas palmeiras, criando uma sinfonia de sons que reverbera pela paisagem desértica.

Enquanto você dança sob o céu estrelado, cercado pela energia vibrante da multidão, o Coachella se torna uma experiência transformadora – uma interseção de música, arte e cultura. Imagine descobrir artistas emergentes em tendas íntimas, explorar instalações de arte grandiosas e participar do espírito comunitário que define o Coachella.

Portanto, sua imersão em festivais de cinema e extravagâncias culturais revela a riqueza da tapeçaria criativa da Califórnia. Das montanhas cobertas de neve de Sundance ao oásis no deserto de Coachella, cada evento é uma celebração da diversidade artística, um testemunho do poder da narrativa e um convite para explorar os limites da expressão criativa.

Ao se preparar para a transição para o próximo capítulo de sua jornada pela Califórnia, leve consigo os ecos da magia cinematográfica e as batidas vibrantes dos festivais culturais. As paisagens da Califórnia continuam a mudar, prometendo novos capítulos de descoberta e deleite. Portanto, caro viajante, antecipe o desenrolar de novas narrativas à medida que a viagem pela tapeçaria cultural da Califórnia continua. Que a magia do cinema e o espírito das celebrações culturais permaneçam em seu coração enquanto você embarca no próximo ato desta aventura fascinante.

Navegando pelos reinos repletos de estrelas: um vislumbre dos pontos de encontro de celebridades da Califórnia

Embarcar em uma viagem pela Extravagância de Entretenimento da Califórnia não estaria completo sem se aventurar nos reinos enigmáticos dos locais de celebridades, onde as celebridades se reúnem, as histórias se desenrolam e o fascínio do estrelato permeia o ar. Este guia é o seu convite exclusivo para conhecer os redutos da elite de Hollywood, prometendo encontros com a fama e momentos de glamour incomparável.

Chateau Marmont: sussurros dos segredos de Hollywood

Imagine o crepúsculo caindo sobre West Hollywood ao entrar nos corredores sagrados do Chateau Marmont, um hotel icônico que permanece como uma testemunha silenciosa dos altos e baixos da história de Hollywood. Enquanto saboreia um coquetel em seu ambiente opulento, você é envolvido por uma atmosfera onde corredores mal iluminados sussurram histórias de reuniões clandestinas e festas lendárias. O Chateau Marmont não é apenas um hotel; é um santuário onde as estrelas se refugiam, criando um ambiente íntimo que se torna uma tela tanto para celebração quanto para introspecção.

Sinta o peso da história a cada passo enquanto percorre os corredores adornados com móveis vintage. Cada sala já recebeu um elenco de lendas de Hollywood, promovendo uma aura de mística que atrai as personalidades mais influentes do mundo. O Chateau transcende o tempo, oferecendo um vislumbre da essência do fascínio de Hollywood e uma oportunidade de deleitar-se com sua elegância atemporal.

The Ivy: Excelência Culinária em Empresa de Celebridades

À medida que a noite avança, sua jornada leva você ao The Ivy em Beverly Hills – um restaurante chique que transcende as fronteiras da gastronomia, tornando-se um palco para a convergência de celebridades e culinária requintada. Imagine-se sentado em uma mesa onde a elite de Hollywood costuma se reunir, o ambiente vivo com as risadas das estrelas e o tilintar suave dos copos.

O Ivy é mais que um restaurante; é uma instituição culinária onde as artes culinárias se encontram com a arte do encontro com celebridades. O ambiente intimista, adornado com flores exuberantes e decoração elegante, cria um ambiente onde cada prato é uma obra-prima e cada momento é uma celebração. Ao partilhar uma mesa com a elite de Hollywood, você se torna parte de uma narrativa exclusiva, onde os sabores deliciosos da culinária se entrelaçam com as conversas vibrantes que ecoam pelo restaurante.

Nos cantos silenciosos do The Ivy, as celebridades de Hollywood se envolvem em conversas que vão desde segredos da indústria até anedotas pessoais. É um lugar onde negócios são negociados, amizades são forjadas e o amor compartilhado por comida excepcional se torna um fio condutor que une.

Uma conclusão celestial: entrando no coração do glamour de Hollywood

Concluindo, sua exploração da Extravagância de entretenimento da Califórnia convida você a um mundo onde os sonhos se materializam em telas prateadas, a música transcende fronteiras e as celebrações culturais se desenrolam em um caleidoscópio de cores. O fascínio do glamour de Hollywood, os bairros vibrantes de entretenimento, a magia dos festivais de cinema e o magnetismo dos locais de celebridades convidam você a se tornar parte integrante desta narrativa cativante.

Ao se preparar para a transição para o próximo capítulo de sua jornada pela Califórnia, antecipe a revelação de novas narrativas e a descoberta de joias escondidas que enriquecem a tapeçaria cultural deste estado dourado. O palco está montado, as luzes diminuídas e a jornada pela Entertainment Extravaganza da Califórnia continua. Então, caro viajante, aperte o cinto, pois o próximo ato o aguarda, prometendo momentos de admiração e inspiração. Até então, deixe os ecos do glamour de Hollywood permanecerem em sua imaginação e que o ritmo da cena de entretenimento da Califórnia ressoe em seu coração, para sempre entrelaçado com o fascínio atemporal de seus locais de celebridades.

CAPÍTULO 9

EMBARQUE NO CALIFÓRNIA DREAMIN: UMA VIAGEM EM ALOJAMENTOS ÚNICOS

No caleidoscópio das diversas paisagens e culturas vibrantes da Califórnia, a escolha da hospedagem torna-se parte integrante da viagem. O Capítulo 9 se desenrola como uma sinfonia de acomodações únicas, oferecendo um vislumbre das acomodações emocionantes que aguardam o viajante exigente. De belezas boutique e retiros luxuosos ao charme rústico do glamping e ao fascínio isolado das cabanas costeiras, cada residência se torna um portal para experimentar a essência dos sonhos da Califórnia.

Retiros imersivos: o mundo encantador das belezas boutique na Califórnia

À medida que você entra no mundo encantador das Boutique Beauties da Califórnia – pousadas e bed & breakfast pitorescos – a narrativa se desenrola como uma história cuidadosamente selecionada, com cada estabelecimento adicionando seu capítulo único à sua jornada. Imagine a cena: ruas encantadoras, flores perfumadas e o calor convidativo das acomodações boutique espalhadas pelas diversas paisagens do Golden State.

No coração de Napa Valley, uma região sinônimo de vinhedos de classe mundial e colinas ondulantes, sua estadia em um aconchegante bed & breakfast se torna um interlúdio poético. Aninhada entre as vinhas, esta beleza boutique mergulha você na essência da vida na região vinícola. Imagine acordar com o abraço suave do sol da manhã, lançando seu brilho dourado sobre a paisagem. Seu dia começa com o aroma tentador de um café da manhã da fazenda à mesa, uma obra-prima culinária elaborada com ingredientes de origem local. O pátio, adornado com móveis de ferro forjado, torna-se o seu refúgio - um lugar para saborear a sinfonia de sabores enquanto admira as verdejantes fileiras de videiras que se estendem até o horizonte. As belezas boutique em Napa Valley não são apenas lugares para descansar; são retiros envolventes, que convidam a fazer parte do legado vitivinícola que define esta região.

Viajando mais ao sul ao longo da pitoresca costa da Califórnia, a pitoresca cidade de Mendocino revela uma charmosa pousada com arquitetura vitoriana. A serenata rítmica das ondas do mar torna-se a trilha sonora da sua estadia, ecoando o fascínio atemporal do Pacífico. Imagine-se num alpendre adornado com cadeiras de vime, um local onde o tempo parece passar mais devagar. Enquanto você relaxa, a brisa do mar traz sussurros de sal e vistas panorâmicas do litoral acidentado se desenrolam diante de você. As belezas das boutiques em Mendocino transcendem o comum; eles incorporam o espírito do romance costeiro e fornecem um refúgio onde as preocupações do mundo são levadas pela vazante e pelo fluxo do Pacífico.

Esses retiros boutique na Califórnia não são apenas acomodações; são portas de entrada para o caráter distintivo de cada região. Sua arquitetura, ambiente e toques personalizados criam uma experiência imersiva que ressoa com a essência dos locais que habitam. Em Napa Valley, é uma viagem pela arte da vinificação; em

Mendocino, é uma dança com a beleza indomável da paisagem costeira.

O fascínio das belezas boutique reside na sua capacidade de transportar você, não apenas para um lugar para dormir, mas para um reino onde cada momento é infundido com a essência da região. A tapeçaria das diversas paisagens e culturas da Califórnia encontra sua expressão nesses retiros envolventes, cada um tecendo seu fio único na história de sua jornada. Ao antecipar o próximo capítulo de sua odisseia californiana, tenha certeza de que essas belezas boutique não são apenas pontos de passagem; eles são atores-chave no desenrolar do drama do seu sonho na Califórnia. Então, caro viajante, deixe o encanto das belezas boutique permanecer em seu coração enquanto a história continua a se desenrolar.

Retiros de luxo: resorts e spas - indulgência em meio às paisagens inspiradoras da Califórnia

Na dança harmoniosa entre luxo e natureza, os retiros opulentos da Califórnia são um testemunho da capacidade do estado de integrar perfeitamente a extravagância em suas paisagens de tirar o fôlego. A exploração desses retiros luxuosos, situados em Palm Springs e empoleirados ao longo dos majestosos penhascos de Big Sur, revela refúgios imersivos que redefinem a arte do relaxamento contra a tela de uma beleza natural inspiradora.

Palm Springs: um oásis de opulência tranquila no deserto
Imagine a extensão árida do deserto de Palm Springs, onde um resort de luxo surge como um oásis de tranquilidade. Este refúgio opulento acena com a promessa de rejuvenescimento através de tratamentos de spa e do abraço de casitas privadas emolduradas por vistas de montanhas escarpadas.

Escapadas indulgentes em spas
O fascínio de Palm Springs reside não apenas nas suas paisagens ensolaradas, mas também nas experiências relaxantes oferecidas pelos resorts de luxo. Imagine-se envolvido na serenidade de um spa oásis, onde

terapeutas qualificados orquestram tratamentos rejuvenescedores inspirados na energia curativa do deserto. Desde massagens terapêuticas a tratamentos faciais revitalizantes, cada ritual de spa é uma viagem em direção ao bem-estar holístico.

Casitas com vista para a montanha
À medida que o sol se põe atrás das colinas áridas, imagine-se retirando-se para a sua casita privada – um santuário íntimo que confunde as fronteiras entre a vida interior e exterior. Janelas amplas emolduram as montanhas escarpadas, oferecendo um panorama fascinante. A brisa do deserto sopra em seu retiro, criando um ambiente que combina perfeitamente a opulência com a beleza crua da natureza selvagem de Palm Springs.

Anoitecer no Desert Haven
À medida que a noite desce sobre o oásis no deserto, o retiro de luxo se ilumina, lançando um brilho quente contra a vastidão da paisagem. Imagine uma noite passada observando as estrelas no conforto de um

luxuoso lounge ao ar livre, um espetáculo celestial se desenrolando no alto. Em Palm Springs, o luxo não é apenas uma faceta do retiro; é uma experiência imersiva que se desenrola ao ritmo da noite no deserto.

Big Sur: Majestade Costeira e Felicidade na Borda do Infinito

Transição do oásis no deserto para a majestade costeira de Big Sur, onde resorts de luxo situados em falésias oferecem uma conexão surreal com o Oceano Pacífico. Imagine-se em uma piscina de borda infinita, relaxando enquanto o sol pinta o céu com tons de laranja e rosa, criando uma sinfonia visual que espelha a grandiosidade da natureza.

Retiros nos penhascos

Os retiros luxuosos de Big Sur são maravilhas arquitetônicas, perfeitamente integradas às dramáticas falésias que definem este paraíso costeiro. Imagine hospedar-se em uma suíte que equilibra a elegância moderna com o charme rústico, com o som das ondas do mar fazendo uma serenata em um terraço privativo.

Esses retiros no topo de penhascos são portas de entrada para uma conexão íntima com a beleza selvagem da costa do Pacífico.

Serenidade da piscina com borda infinita
Ao entrar em uma piscina de borda infinita que aparentemente se funde com a vastidão do Pacífico, sinta o estresse da vida cotidiana se dissipar. O bater rítmico das ondas abaixo torna-se uma trilha sonora relaxante para sua fuga tranquila. Os resorts de luxo de Big Sur priorizam não apenas o conforto, mas também uma conexão imersiva com as forças elementares que moldam esta paisagem costeira acidentada.

Felicidade do pôr do sol
O auge da experiência Big Sur é relaxar em uma piscina de borda infinita enquanto o sol se despede do dia. Imagine o céu se transformando em uma tela de tons vibrantes – tons de laranja, rosa e dourado refletindo nas águas calmas. Este ritual noturno torna-se num momento intemporal de reflexão e ligação com a majestade costeira que o envolve.

Onde o luxo e a natureza se unem

A exploração de retiros luxuosos em Palm Springs e Big Sur transcende os limites convencionais de acomodação. Esses resorts e spas não são apenas lugares para ficar; são fugas imersivas que integram perfeitamente a indulgência com as paisagens inspiradoras da Califórnia. Seja aproveitando a tranquilidade de um oásis no deserto ou relaxando em uma piscina de borda infinita com vista para o Pacífico, cada momento se torna uma mistura harmoniosa de luxo e natureza.

Ao se preparar para a transição para o próximo capítulo de sua jornada pela Califórnia, antecipe o desenrolar de novas narrativas e a descoberta de jóias escondidas nos diversos alojamentos que continuam a adicionar profundidade à tapeçaria cultural deste estado dourado. Os retiros de luxo da Califórnia convidam você a ficar um pouco mais, a saborear cada momento no colo da opulência em meio à grandeza da natureza. O retiro o aguarda e o próximo capítulo de sonho acena.

Glamping no deserto da Califórnia: onde o luxo encontra a vida ao ar livre

O fascínio do glamping na natureza selvagem da Califórnia reside na fusão perfeita de luxo e natureza. Na vasta extensão das diversas paisagens do estado, imagine as tendas de lona e as acomodações em estilo safári que convidam os viajantes a experimentar a beleza indomada do Parque Nacional Joshua Tree ou as paisagens serenas perto do Lago Tahoe. Este capítulo desvenda a narrativa encantadora do glamping, onde todo conforto encontra o charme robusto da vida ao ar livre.

Parque Nacional Joshua Tree: observação de estrelas sob o céu do deserto

Sob a extensão celestial do Parque Nacional Joshua Tree, o glamping assume uma qualidade surreal. Imagine-se aninhado em uma tenda estilo safári adornada com móveis luxuosos, com a exploração do dia das icônicas formações rochosas do parque fazendo uma transição perfeita para uma noite de observação de estrelas perto da fogueira crepitante.

O fascínio do glamping aqui reside na conexão com a beleza crua do deserto. As tendas proporcionam um casulo de conforto em meio à paisagem árida, oferecendo um retiro luxuoso após um dia de caminhada entre as árvores de Josué. À medida que a noite cai, a ausência de luzes da cidade revela uma exibição deslumbrante de estrelas, transformando o seu local de glamping num ponto de observação das maravilhas cósmicas acima.

A natureza encantada do Lago Tahoe: retiros rústico-chiques
À medida que a jornada de glamping avança para as sombras das montanhas de Sierra Nevada, a natureza intocada perto do Lago Tahoe se torna uma tela para um retiro rústico-chique. Uma barraca de lona, equipada com roupas de cama e móveis macios, surge como seu santuário, aninhado entre os pinheiros imponentes.

A essência do glamping aqui reside no delicado equilíbrio entre a proximidade com a natureza e a indulgência dos confortos boutique. Imagine acordar com o ar fresco da montanha, sair para um deck privativo e ser saudado pela sinfonia do canto dos pássaros. As tendas de lona, embora imersas na natureza, ecoam a sofisticação de um hotel boutique, criando uma experiência onde o luxo se integra perfeitamente ao charme acidentado da paisagem.

Além da escolha de hospedagem: uma celebração da beleza indomável

Glamping na natureza selvagem da Califórnia é mais do que apenas uma opção de hospedagem; é uma celebração da beleza indomada do estado. As tendas de lona tornam-se portais para uma conexão autêntica com a natureza, onde os sons do farfalhar das folhas e da vida selvagem distante fazem uma serenata para você dormir. No entanto, ao acordar com o conforto de uma cama macia e o aroma de pinho fresco, a linha entre luxo e vida selvagem se confunde, oferecendo uma experiência que transcende o comum.

O fascínio do glamping reside na sua capacidade de proporcionar uma experiência imersiva na natureza sem comprometer as indulgências que tornam a viagem memorável. Na Califórnia, onde as paisagens mudam dos desertos para as montanhas, o glamping torna-se uma expressão versátil de hospitalidade, adaptada ao carácter único de cada região.

Onde a aventura encontra a elegância

Ao concluir esta exploração do glamping na natureza selvagem da Califórnia, as tendas de lona e as acomodações em estilo safári são testemunhos do compromisso do estado em fornecer experiências de hospedagem únicas e envolventes. Seja sob as estrelas do deserto de Joshua Tree ou entre os imponentes pinheiros perto do Lago Tahoe, o glamping convida você a saborear a essência das paisagens selvagens em um estilo que combina com a diversificada tapeçaria da Califórnia.

Ao se preparar para a transição para o próximo capítulo de sua jornada pela Califórnia, antecipe o desenrolar de novas narrativas e a descoberta de joias escondidas nos diversos alojamentos que acrescentam profundidade à tapeçaria cultural deste estado dourado. A tela espera, o fogo acena e a jornada pelo Dreamin' da Califórnia continua. Então, querido viajante, fique tranquilo, pois o próximo capítulo de sonho no deserto o aguarda.

Cabanas Costeiras e Retiros nas Montanhas: Abraço da Natureza

No abraço das maravilhas naturais da Califórnia, o fascínio das cabanas costeiras e retiros nas montanhas acena, oferecendo não apenas acomodações, mas também experiências imersivas que combinam perfeitamente com as paisagens que habitam. À medida que exploramos esses alojamentos distintos, imagine uma viagem onde as ondas quebrando se tornam sua canção de ninar nas cabanas costeiras, e o aroma do pinheiro se torna a essência da tranquilidade nos retiros nas montanhas alpinas.

Sussurros de sequoias

Siga para o norte ao longo da costa da Califórnia e as sequoias do norte da Califórnia permanecem como antigas sentinelas. Imagine uma cabana costeira aninhada entre esses gigantes imponentes, no cimo de um penhasco com vista para o Pacífico. O suave farfalhar das folhas combina com o murmúrio distante das ondas quebrando, criando uma sinfonia que faz serenata para o seu retiro costeiro.

Todas as manhãs, imagine pisar em um deck de madeira para saudar o dia. O sol, um orbe dourado, surge no horizonte, lançando tons de rosa e laranja na vasta extensão do Pacífico. Cabanas costeiras, com seu charme rústico e vista panorâmica, proporcionam um lugar na primeira fila para o espetáculo diário da natureza.

Santuários à beira-mar
Estas cabanas costeiras são mais do que meros abrigos; são santuários onde a fronteira entre o conforto interior e a majestade exterior se confunde. Imagine acordar com a brisa salgada, o cheiro da maresia flutuando pelas janelas abertas. Ande descalço no chão de madeira enquanto segue o som das gaivotas até uma cozinha aconchegante, onde você prepara um café da manhã tranquilo tendo como pano de fundo o horizonte infinito do oceano.

À noite, o sol mergulha abaixo das ondas, pintando o céu em tons vibrantes. Imagine-se enrolado em um cobertor, sentado em uma varanda de frente para o mar, bebendo uma taça de vinho local enquanto as estrelas começam a surgir no céu noturno. As cabanas costeiras tornam-se portais para um mundo tranquilo onde o tempo passa mais devagar e o ritmo do mar se torna a pulsação do seu retiro.

Retiros nas Montanhas: Serenidade Alpina
Reinos Alpinos do Lago Tahoe
Transição da costa para os reinos alpinos do Lago Tahoe, onde retiros nas montanhas aguardam em meio a picos nevados e pinheiros imponentes. Imagine uma cabana de madeira situada no coração deste país das maravilhas do inverno, um lugar onde uma lareira crepitante lhe dá as boas-vindas após um dia esquiando ou caminhando por trilhas imaculadas.

À luz da lareira, imagine o aroma do pinho misturando-se com o calor da lareira. O interior da cabine, adornado com móveis aconchegantes, cria um ambiente que se integra perfeitamente ao ambiente natural. Um deck privativo convida você a sair e respirar o ar fresco da montanha.

Tranquilidade dos Enclaves Florestais

O cheiro de pinho torna-se seu companheiro enquanto você explora os enclaves florestais que cercam a cabana. Imagine caminhar por caminhos isolados, o barulho das folhas caídas sob as botas e o sussurro ocasional do vento por entre as árvores. Os retiros nas montanhas oferecem uma mistura única de aventura ao ar livre e tranquilidade isolada.

À medida que o anoitecer cai sobre a paisagem alpina, entre novamente no seu deck privativo. Desta vez, o dossel de estrelas acima compete com as chamas bruxuleantes da lareira abaixo. O retiro na montanha torna-se um refúgio onde a beleza acidentada do ar livre se harmoniza com o conforto do lar.

200

CAPÍTULO 10

REVELAÇÕES DE VIAGEM POR ESTRADA: VIAGENS CÊNICAS E VIAGENS LATERAIS

Embarcando na etapa final de sua jornada pela Califórnia, mergulhamos no mundo dos passeios panorâmicos e das viagens paralelas que revelam as diversas paisagens e os tesouros escondidos do Golden State. Aperte o cinto, caro viajante, enquanto navegamos pelas estradas sinuosas e rodovias abertas, descobrindo as revelações da viagem que nos aguardam.

Rodovia da Costa do Pacífico: dirigindo ao longo da borda

Embarcar na Pacific Coast Highway não é apenas uma viagem; é uma odisséia ao longo do esplendor costeiro da Califórnia. Do fascínio cativante de Big Sur às jóias costeiras escondidas, este passeio panorâmico mergulha você na grandeza da natureza e revela a beleza indomada da costa do Pacífico.

Encantadora Monterey
A viagem começa em Monterey, uma cidade abraçada pelo encontro da terra e do mar. Ao partir, a brisa do mar dança pelas janelas abertas e as gaivotas proporcionam uma trilha sonora melódica. A Pacific Coast Highway se desenrola como uma fita, guiando você em direção às majestosas falésias que definem esta rota icônica.

Maravilhas do penhasco
Imagine navegar pelas curvas sinuosas, cada uma revelando uma vista perfeita de cartão postal da majestade costeira de Big Sur. As falésias erguem-se dramaticamente das águas azuis profundas, criando uma sensação de admiração à medida que você atravessa a borda. O terreno acidentado e a costa intocada formam uma tapeçaria da arte da natureza, onde cada reviravolta convida você a explorar mais.

Ponte Bixby Creek: uma maravilha na arquitetura
Um destaque ao longo desta jornada costeira é a Ponte Bixby Creek, uma obra-prima arquitetônica que se estende por um desfiladeiro profundo. À medida que você se aproxima, os arcos graciosos aparecem, criando uma conexão etérea entre a terra e o céu. Pare em um mirante designado, caminhe até a borda e absorva a vastidão do Pacífico, emoldurada pelas curvas elegantes da Ponte Bixby Creek.

McWay Falls: a joia costeira da natureza
Continuando em direção ao sul, a Pacific Coast Highway revela McWay Falls, uma joia costeira escondida no Julia Pfeiffer Burns State Park. Imagine estacionar à beira da estrada e seguir um caminho sinuoso que leva você a uma praia isolada sob uma cachoeira. McWay Falls cai graciosamente na costa, criando um cenário de beleza costeira incomparável. As águas azul-turquesa, emolduradas por uma vegetação luxuriante, tornam-no num local pitoresco que exemplifica o encanto escondido ao longo desta pitoresca estrada.

Vistas em cada esquina

À medida que você dirige, cada curva apresenta uma nova vista – penhascos rochosos, enseadas escondidas e vistas panorâmicas do oceano. A justaposição da costa acidentada com a vastidão do Oceano Pacífico pinta um quadro fascinante. Quer seja a serenidade de uma praia isolada ou o drama das ondas batendo nas rochas, a Pacific Coast Highway oferece um banquete sensorial a cada curva.

Esplendor do pôr do sol

À medida que o dia chega ao fim, imagine testemunhar o pôr do sol sobre o Pacífico, lançando um brilho quente na paisagem costeira. Os tons do céu se transformam, refletindo na água, e você fica imerso na beleza tranquila de um pôr do sol na Costa do Pacífico.

Em essência, a Pacific Coast Highway é mais do que um passeio; é uma passagem pelo coração das maravilhas costeiras da Califórnia. É uma viagem pela orla, onde o encontro da terra e do mar se transforma numa sinfonia de belezas naturais. Então, caro viajante, aperte o cinto de segurança e abrace a magia da Pacific Coast Highway

– uma exploração da orla costeira da Califórnia que promete momentos de admiração e admiração a cada quilômetro.

Rodovia 395: Explorando a Diversificada Tapeçaria da Serra Oriental

Ao embarcar na jornada cativante pela Rodovia 395, as paisagens da Serra Oriental se desdobram como uma tapeçaria viva, entrelaçando lagos alpinos, vastos desertos e picos icônicos. Este passeio panorâmico apresenta uma paleta contrastante de maravilhas da natureza, cada quilômetro revelando uma nova faceta da beleza diversificada da Califórnia.

O encanto enigmático do Lago Mono

Saindo da rodovia, uma visita ao Lago Mono revela uma paisagem de outro mundo que cativa os sentidos. As águas salinas do Lago Mono embalam antigas torres de tufo, criando uma cena que lembra uma paisagem lunar de sonho. À medida que você passeia pela costa, a beleza do Lago Mono contra a silhueta da Sierra Nevada torna-se uma experiência surreal. Aqui, as moscas alcalinas criam um zumbido suave e as aves migratórias coreografam danças aéreas – uma prova do delicado equilíbrio da natureza neste ecossistema único.

Portal Whitney: porta de entrada para Majestic Heights

Retomando sua jornada pela Highway 395, a rota o guiará até a entrada do Monte. Whitney – o pico mais alto dos Estados Unidos contíguos. A cidade de Lone Pine, aninhada nos majestosos picos da Sierra Nevada, torna-se um interlúdio encantador. Imagine a subida ao Whitney Portal, onde o ar está carregado de expectativa para aqueles que embarcam na desafiadora caminhada até o cume. Esta jornada, uma ascensão física e metafórica, oferece um vislumbre da resiliência e determinação daqueles que ousam alcançar o auge.

Floresta de pinheiros Bristlecone: um vislumbre dos tempos antigos

Continuando pela Rodovia 395, um desvio até o Antigo Pinhal Bristlecone proporciona um encontro profundo com árvores que testemunharam milhares de anos de história. Imagem em meio a essas antigas sentinelas, suas formas retorcidas e desgastadas testemunhando a passagem do tempo. O Bosque Matusalém, lar de uma das árvores vivas mais antigas do mundo, torna-se um santuário de reflexão tranquila, convidando você a contemplar a resiliência da vida diante dos séculos.

Alabama Hills: uma paisagem cinematográfica
Mais adiante em sua jornada, Alabama Hills, perto de Lone Pine, oferece um cenário cinematográfico, com formações rochosas icônicas que enfeitam as telas de cinema há gerações. Como a Serra Nevada proporciona um cenário dramático, imagine o fascínio deste anfiteatro natural, atraindo tanto cineastas como entusiastas de atividades ao ar livre. As rochas de formatos caprichosos, iluminadas pelos tons quentes do nascer ou do pôr do sol, criam um espetáculo visual que transcende o comum.

Estradas vinícolas: navegando de Napa até Santa Bárbara

Embarque em uma viagem cativante pela região vinícola da Califórnia, onde as estradas entrelaçadas de Napa a Santa Bárbara levam você ao coração da viticultura, da excelência culinária e das paisagens pitorescas.

Rodovia Santa Helena em Napa Valley: uma sinfonia de vinhas e colinas

Comece sua expedição no renomado Napa Valley, onde a Rodovia Santa Helena serpenteia pelas colinas exuberantes cobertas de vinhedos. Imagine as fileiras de videiras ensolaradas que se estendem até o horizonte, cada folha se aquecendo ao brilho dourado. À medida que você navega pela Silverado Trail, ladeada por majestosos carvalhos, vinícolas de classe mundial acenam, oferecendo um vislumbre da rica tapeçaria do legado vinícola de Napa. O ar carrega o aroma inebriante da fermentação das uvas, criando um ambiente que mergulha você na arte e na ciência da vinificação. Em Napa Valley, cada curva é uma passagem pela alma das vinhas, e cada vinícola é uma contadora de histórias, narrando a história e a paixão que estão em cada garrafa.

Rota dos vinhos da Costa do Pacífico da Costa Central: elegância costeira em cada gole
À medida que você viaja para o sul, as estradas vinícolas o guiam até a Costa Central, revelando a encantadora Trilha dos Vinhos da Costa do Pacífico. Imagine-se em Paso Robles, cercado pelo charme rústico da paisagem e pelo fascínio das vinícolas boutique. As salas de degustação tornam-se portais para um mundo de sabores diversos, cada gole ecoando as características distintas dos microclimas e tradições vinícolas da região. Ao longo da Costa Central, a viagem não envolve apenas o destino; é uma exploração sensorial enriquecida pelas brisas costeiras, cidades encantadoras e a arte dos vinicultores locais. Percorra as trilhas do vinho, onde a influência do Pacífico encontra o terroir, criando vinhos elegantes e expressivos.

Região vinícola de Santa Bárbara: um paraíso costeiro da vinicultura
As estradas vinícolas culminam no paraíso costeiro de Santa Bárbara, onde os vinhedos prosperam sob o sol da Califórnia. Imagine-se dirigindo pelo Vale de Santa Ynez, onde colinas adornadas com vinhedos pintam um panorama fascinante. Imagine uma parada em vinícolas situadas em meio à beleza cênica, cada dose convidando você a saborear o culminar da generosidade da natureza e do artesanato humano. A região vinícola de Santa Bárbara é uma sinfonia de influências costeiras, solos diversos e experiência dos produtores de vinho, criando um destino que exemplifica o casamento entre viticultura e beleza natural.

Ao navegar pelas estradas vinícolas de Napa a Santa Bárbara, que cada curva o aproxime da essência do legado vitivinícola da Califórnia. Dos vinhedos ensolarados de Napa à elegância costeira da Costa Central e ao refúgio pitoresco de Santa Bárbara, esta viagem é uma celebração dos sentidos. As estradas das regiões vinícolas não são apenas canais; são caminhos para experiências que ficam no paladar e no coração.

Nas vinhas
Mergulhe na Rodovia Santa Helena de Napa Valley, onde a sinfonia de vinhas e colinas se desenrola. Explore a trilha Silverado, onde cada vinícola é um capítulo da ilustre história da vinificação de Napa.

Elegância Costeira
Embarque na Rota dos Vinhos da Costa do Pacífico ao longo da Costa Central, onde a elegância costeira encontra a arte da vinificação. Atravesse Paso Robles, onde vinícolas boutique convidam você a provar os diversos sabores moldados pela influência do Pacífico.

Um refúgio costeiro
Concluindo sua jornada na região vinícola de Santa Bárbara, um paraíso costeiro onde os vinhedos prosperam. Dirija pelo Vale de Santa Ynez, onde cada gole reflete o culminar da generosidade da natureza e do artesanato humano.

Ao se preparar para a transição para o próximo capítulo de sua jornada pela Califórnia, deixe que as notas persistentes de cada vinho, as vistas panorâmicas das colinas cobertas de vinhedos e o calor das estradas vinícolas da Califórnia permaneçam com você. Antecipe o desenrolar de novas narrativas, a exploração de joias escondidas nos vinhedos e a celebração contínua da riqueza vitivinícola da Califórnia. O terroir o aguarda e a próxima safra promete ser tão requintada quanto a própria viagem.

Beba, saboreie e continue a deleitar-se com a beleza das estradas vinícolas da Califórnia. Até a próxima dose, caro conhecedor, que seu caminho seja ladeado de vinhedos e seu copo cheio do elixir do Golden State.

Dunas do deserto: viajando por Joshua Tree

Embarque em uma viagem pela fascinante paisagem desértica de Joshua Tree, onde as dunas onduladas e as formações rochosas únicas criam uma atmosfera de outro mundo. Ao concluir as revelações da sua viagem, imagine-se dirigindo pela vasta extensão do Parque Nacional Joshua Tree, a estrada serpenteando por uma paisagem surreal que passa por uma transformação mágica com as cores mutáveis do sol poente.

Jardim de cactos Cholla: pôr do sol no deserto
Mergulhe na beleza encantadora do Cholla Cactus Garden – uma extensão cativante onde a luz suave do sol poente banha a flora do deserto em tons quentes. As silhuetas pontiagudas dos cactos cholla lançam longas sombras no solo arenoso, criando um ambiente tranquilo, mas místico. As dunas do deserto de Joshua Tree tornam-se uma tela onde a natureza pinta os últimos traços do dia, oferecendo uma experiência serena e cativante.

Revelações ao longo da estrada aberta
O revelações de viagens rodoviárias através dos passeios panorâmicos e viagens paralelas da Califórnia pintam um retrato vívido das diversas paisagens do estado. Da majestade costeira da Pacific Coast Highway às maravilhas alpinas ao longo da Highway 395, às colinas da região vinícola e à beleza surreal das dunas do deserto em Joshua Tree, cada estrada apresenta uma revelação, uma oportunidade para explorar a tapeçaria multifacetada da Califórnia. .

Refletindo sobre a jornada

Ao refletir sobre as revelações da viagem, imagine a estrada aberta se estendendo à sua frente, cada curva oferecendo uma nova perspectiva sobre a beleza da Califórnia. A viagem ao longo da Pacific Coast Highway resume a essência da grandeza costeira, enquanto a Highway 395 leva você pelos terrenos variados da Sierra Oriental. Navegar pelas estradas da região vinícola é uma delícia sensorial, e as dunas do deserto de Joshua Tree adicionam um toque de magia surreal à sua aventura.

A estrada aberta como metáfora

Além das paisagens físicas, considere o significado metafórico da estrada aberta. Cada quilômetro percorrido torna-se uma metáfora de crescimento pessoal, exploração e descoberta de novos horizontes. As revelações da viagem na Califórnia não são apenas sobre os destinos, mas também sobre a jornada transformadora que se desenrola ao longo do caminho.

Conexão com a Natureza

Imagine-se cercado pelas maravilhas naturais da Califórnia: as ondas quebrando ao longo de Big Sur, a beleza serena do Lago Mono, as colinas cobertas de vinhedos de Napa e as paisagens surreais de Joshua Tree. A viagem torna-se um canal para uma conexão profunda com a natureza, um lembrete da beleza intrincada e inspiradora que existe dentro dos limites deste estado dourado.

CAPÍTULO 11

ARTE ARQUITETÔNICA: MARAVILHAS MODERNAS

Embarque em uma viagem pelas maravilhas arquitetônicas que definem a paisagem da Califórnia. Das obras-primas icônicas de Frank Lloyd Wright à poesia estrutural das pontes de São Francisco, à joia do renascimento colonial espanhol em Santa Bárbara e aos espaços de arte contemporânea que ultrapassam os limites do design, este capítulo investiga o reino diversificado e cativante da arte arquitetônica. .

Obras-primas arquitetônicas de Frank Lloyd Wright: uma odisséia na Califórnia

No reino do brilho arquitetônico, Frank Lloyd Wright se destaca como um luminar cuja influência deixou uma marca indelével na paisagem americana. Ao embarcarmos numa odisseia californiana pelas obras-primas de Wright, encontramos a filosofia orgânica que redefiniu a relação entre arquitetura e natureza.

Hollyhock House: uma joia da Califórnia

Situada no coração cultural de Los Angeles, a Hollyhock House surge como uma joia da Califórnia, uma manifestação da filosofia da arquitetura orgânica de Wright. Encomendada pela herdeira do petróleo Aline Barnsdall na década de 1920, a casa reflete uma mistura harmoniosa de concreto, vidro e paredes de blocos têxteis. À medida que você entra em seus espaços interconectados, as fronteiras entre o interior e o exterior se dissolvem, uma prova da genialidade de Wright.

O pátio central, adornado com motivos estilizados de malva-rosa, torna-se um refúgio de tranquilidade em meio à agitação urbana. O jogo rítmico de luz e sombra dentro da casa cria um ambiente em constante mudança, revelando a atenção meticulosa de Wright à interação de elementos naturais. Cada canto da Hollyhock House é uma tela, onde a luz solar da Califórnia interage com a forma arquitetônica para criar uma obra-prima viva.

Ennis House: domínio de blocos têxteis

Aventurando-se nas colinas de Los Feliz, a Ennis House ergue-se com grandeza de inspiração maia, uma prova do domínio de Wright na construção de blocos têxteis. A fachada da casa, construída com blocos de concreto entrelaçados, tece um padrão hipnotizante que aparentemente ecoa as colinas ondulantes que a cercam.

A Ennis House não é apenas uma residência; é uma maravilha escultural, um diálogo artístico entre a arquitetura e o ambiente natural.

À medida que a luz solar dança sobre a superfície texturizada dos blocos, uma coreografia de luz e sombra se desenrola, revelando a natureza dinâmica do design de Wright. A interação da precisão geométrica com o cenário orgânico exemplifica a capacidade do arquiteto de integrar perfeitamente as suas criações na tapeçaria natural. A Ennis House é um farol de domínio dos blocos têxteis – um marco californiano que transcende a mera arquitetura.

Centro Cívico do Condado de Marin: Simetria Orgânica

Nas colinas de San Rafael, o Centro Cívico do Condado de Marin é um grande testemunho da visão de Wright da arquitetura orgânica em escala governamental. Excepcionalmente, este é o único edifício governamental desenhado por Wright, incorporando a sua filosofia de coexistência harmoniosa entre a habitação humana e a paisagem circundante. As estruturas com telhado azul, caracterizadas por curvas amplas e espaços interligados, refletem um sentido de simetria orgânica que integra o complexo com o seu entorno natural.

O Centro Cívico é um diálogo entre a arquitetura e a extensa paisagem californiana. Cada elemento, desde os telhados curvos até às linhas fluidas, contribui para uma sensação de unidade com a natureza. Os espaços interligados dentro do Centro Cívico refletem a crença de Wright no papel da arquitetura como facilitadora da vida harmoniosa, onde as estruturas feitas pelo homem se tornam uma extensão do ambiente circundante.

O legado californiano de Wright

A exploração das obras-primas arquitetônicas de Frank Lloyd Wright na Califórnia revela um legado que transcende o tempo e a tradição. Do oásis tranquilo da Hollyhock House à maravilha escultural da Ennis House e à simetria orgânica do Marin County Civic Center, cada estrutura convida à contemplação da intrincada relação entre a arquitetura e o mundo natural.

Ao se preparar para a transição para o próximo capítulo de sua jornada pela Califórnia, antecipe o desenrolar de novas narrativas e a descoberta de joias escondidas na diversidade arquitetônica que acrescenta profundidade à tapeçaria cultural deste estado dourado. A odisséia californiana de Frank Lloyd Wright continua a inspirar, convidando você a se envolver com a beleza orgânica incorporada em cada estrutura – um legado que ressoa com a própria essência do espírito arquitetônico da Califórnia.

As pontes icônicas de São Francisco: poesia estrutural conectando horizontes

São Francisco, adornada com suas colinas ondulantes e embalada por uma baía pitoresca, é uma cidade definida pelas estruturas majestosas que atravessam suas águas – um testemunho da engenhosidade da engenharia humana e parte integrante da identidade da cidade.

Ponte Golden Gate: uma maravilha atemporal
Uma Sentinela Laranja na Névoa

A Ponte Golden Gate, com suas imponentes torres laranja queimadas, permanece resoluta como uma maravilha atemporal. Abrangendo o estreito que liga a Baía de São Francisco à vastidão do Oceano Pacífico, a ponte torna-se uma sentinela etérea em meio à névoa ondulante e às águas azuis. Cada passo ao longo da sua extensão, seja a pé, de bicicleta ou de carro, torna-se uma viagem numa narrativa que transcende o tempo - uma comunhão com uma obra-prima da engenharia que se integra perfeitamente com a grandeza natural da região.

A dança com os elementos

A Ponte Golden Gate, muitas vezes velada pela névoa característica de São Francisco, assume um fascínio sobrenatural. À medida que você atravessa sua extensão, a brisa fresca carrega sussurros de história – as inúmeras histórias daqueles que cruzaram esse portal icônico. Desde a sua criação durante a Grande Depressão até ao seu simbolismo duradouro no século XXI, a ponte continua a ser um testemunho da capacidade do espírito humano para superar desafios e construir ligações.

Bay Bridge: conectando mundos em esplendor
Elegância em Engenharia

Embora a Ponte Golden Gate chame a atenção, a Ponte São Francisco-Oakland Bay, conhecida simplesmente como Bay Bridge, é um magnífico feito de engenharia por si só. Ligando São Francisco à East Bay, o vão oeste da ponte mostra a graça do projeto de suspensão auto-ancorada. A elegância estrutural da Bay Bridge torna-se uma interação de forma e função, conectando perfeitamente a movimentada paisagem urbana às extensões tranquilas além da baía.

Sinfonia Noturna: Iluminação das Luzes da Baía
À medida que a luz do dia passa para a noite, a Bay Bridge se transforma em uma fascinante exibição de arte e infraestrutura. A instalação Bay Lights, uma dança luminescente de 25.000 luzes LED, transforma a ponte num farol de esplendor. O espetáculo cintilante, visível da orla marítima da cidade, torna-se uma sinfonia noturna – uma celebração da criatividade humana tendo como pano de fundo as águas reflexivas da baía.

Pontes como Pilares Culturais
A exploração das pontes icónicas de São Francisco revela mais do que maravilhas estruturais; revela pilares culturais que ressoam com o espírito da cidade. A Ponte Golden Gate, com a sua elegância duradoura, torna-se um símbolo de intemporalidade e resiliência. A Bay Bridge, com sua engenhosidade arquitetônica e exibição luminosa, é um testemunho da capacidade da cidade de unir mundos tanto física quanto metaforicamente.

Ao se preparar para a transição para o próximo capítulo de sua jornada pela Califórnia, antecipe o desenrolar de novas narrativas e a descoberta de joias escondidas nas maravilhas arquitetônicas que acrescentam profundidade à tapeçaria cultural deste estado dourado. As pontes icônicas de São Francisco convidam você a percorrer os caminhos da história, da engenharia e da arte, convidando-o a fazer parte da narrativa contínua que atravessa a baía, conectando horizontes e abraçando o espírito de inovação.

Os arcos e cabos são altos, tecendo histórias de conexão, progresso e beleza. Avante para novos horizontes, onde as pontes se tornam mais do que aço e concreto – elas se tornam canais de identidade cultural e símbolos da paisagem em constante evolução de São Francisco.

Renascimento colonial espanhol: a joia arquitetônica de Santa Bárbara

Santa Bárbara, uma cidade costeira situada entre as montanhas de Santa Ynez e o Oceano Pacífico, é uma tela viva da arquitetura do Renascimento Colonial Espanhol. A estética arquitetónica da cidade, com os seus distintos telhados vermelhos e paredes caiadas de branco, presta homenagem ao passado colonial da

Califórnia, transportando os visitantes para uma época onde os ecos do design espanhol e mouro definem a paisagem.

Tribunal do condado de Santa Bárbara: um tesouro cívico

No coração de Santa Bárbara fica o Tribunal do Condado, uma estrutura monumental que não é apenas uma instituição legal, mas um testemunho do compromisso da cidade em preservar o seu património arquitectónico. O tribunal, concluído em 1929, é uma mistura harmoniosa de influências coloniais espanholas e mouriscas. À medida que você se aproxima, o jardim submerso recebe você com explosões de cores, e o som das fontes de azulejos cria uma atmosfera serena.

Os detalhes arquitetônicos do tribunal são uma exibição cativante de artesanato. Luminárias de ferro forjado, adornadas com padrões intrincados, arcos e portões elegantes, incorporando a atenção meticulosa aos detalhes, característica do estilo do Renascimento Colonial Espanhol. A torre do relógio El Mirador, com 25 metros de altura, oferece vistas panorâmicas de Santa

Bárbara e das montanhas circundantes. Os telhados vermelhos, as passarelas em arco e os azulejos decorativos transportam os visitantes a uma época em que a beleza arquitetônica era uma celebração da identidade cultural.

O interior do tribunal é igualmente encantador. A Sala Mural, adornada com afrescos vibrantes que retratam cenas da história de Santa Bárbara, é uma tapeçaria cultural que se desenrola dentro dos limites desta joia arquitetônica. Cada passo no tribunal torna-se uma viagem pelo passado da Califórnia, onde as influências espanholas se fundem perfeitamente com a narrativa em evolução da história americana.

Casa do Ferreiro: Uma Cápsula do Tempo de Elegância

Escondida no sopé de Montecito, a uma curta distância de carro do centro de Santa Bárbara, fica a Casa del Herrero - uma propriedade privada que serve como modelo de elegância do Renascimento Colonial Espanhol. Projetada por George Washington Smith no início do século 20, a Casa del Herrero mostra o compromisso do arquiteto com a autenticidade e o brilho estético.

Ao se aproximar da propriedade, você é recebido por portões de ferro forjado adornados com delicados pergaminhos – um prelúdio para os tesouros artísticos que o aguardam lá dentro. A própria casa, com o seu telhado de telhas vermelhas e paredes caiadas de branco, exala uma grandeza discreta que resume o estilo. Ao passar pelas portas de madeira esculpidas, você entra em um mundo congelado no tempo.

Os jardins que rodeiam a Casa del Herrero são uma paisagem de beleza cuidada. Azulejos coloridos, provenientes de várias regiões da Espanha, formam padrões intrincados que dançam sob a luz do sol. A vegetação exuberante emoldura os espaços exteriores, criando um ambiente sereno que convida à contemplação. Os jardins não são apenas uma extensão da propriedade, mas parte integrante da narrativa arquitetónica – uma tela viva que complementa a elegância da estrutura.

O interior da Casa del Herrero é um repositório de história e arte. Os quartos são adornados com uma coleção requintada de antiguidades, obras de arte e artefatos, cada peça contando uma história da família que outrora chamou esta propriedade de lar. A arquitetura e a decoração se harmonizam para criar uma cápsula do tempo viva – uma experiência imersiva que transporta você para a opulência da elite da Califórnia do início do século XX.

Uma tapeçaria cultural preservada
A exploração da arquitetura do Renascimento Colonial Espanhol em Santa Bárbara revela uma tapeçaria cultural preservada nos tijolos e azulejos de suas estruturas icônicas. O Tribunal do Condado é um tesouro cívico, um testemunho vivo do compromisso da cidade com o património arquitectónico. A Casa del Herrero, escondida nas colinas de Montecito, torna-se uma cápsula do tempo de elegância, onde cada detalhe reflete uma época passada.
Ao se preparar para a transição para o próximo capítulo de sua jornada pela Califórnia, antecipe o desenrolar de novas narrativas e a descoberta de joias escondidas na diversidade arquitetônica que acrescenta profundidade à

tapeçaria cultural deste estado dourado. As joias arquitetônicas de Santa Bárbara convidam você a voltar ao passado, apreciar o presente e tornar-se parte da narrativa contínua do design e do legado cultural.

Os telhados vermelhos brilham sob o sol da Califórnia, as paredes caiadas ecoam histórias do passado e os arcos tornam-se portais para uma época em que a beleza arquitetônica era uma celebração da identidade. Caro viajante, a jornada arquitetônica continua: uma viagem através do tempo, da cultura e da elegância duradoura das joias do renascimento colonial espanhol de Santa Bárbara.

Espaços de Arte Contemporânea: Galerias e Instalações

A adoção de expressões contemporâneas pela Califórnia em sua paisagem arquitetônica é particularmente evidente no mundo dinâmico dos espaços de arte contemporânea. Estas maravilhas modernas redefinem os limites do design, oferecendo experiências imersivas que integram perfeitamente arquitetura e arte.

The Broad: uma maravilha geométrica em Los Angeles

No coração do centro de Los Angeles, o The Broad Museum é uma prova do compromisso da cidade com a arte e a arquitetura de ponta. Projetado pelo renomado escritório de arquitetura Diller Scofidio + Renfro, The Broad é uma maravilha geométrica que cativa desde o primeiro olhar. A sua fachada em forma de favo de mel, um estudo meticuloso de precisão geométrica, não é apenas uma característica estética, mas um elemento funcional. A estrutura perfurada serve como filtro para a luz natural, criando uma interação constante de luz e sombra nos espaços da galeria.

Entre no The Broad e você estará imerso em um ambiente dinâmico que confunde os limites entre arquitetura e arte. Os amplos espaços da galeria sem colunas exibem uma coleção notável de arte contemporânea, apresentando obras de luminares como Jeff Koons e Yayoi Kusama. À medida que você navega pelas exposições, o projeto arquitetônico torna-se parte integrante da narrativa artística, proporcionando um cenário que complementa e aprimora a experiência visual.

SFMOMA: Expansão e Inovação em São Francisco
No extremo oposto do estado, o Museu de Arte Moderna de São Francisco (SFMOMA) passou por uma expansão significativa, redefinindo sua pegada arquitetônica no coração da cidade. A extensão, magistralmente concebida pelo escritório de arquitetura internacional Snøhetta, é uma adição notável que reflete tanto a inovação como o compromisso de manter o estatuto da instituição como um centro cultural líder.

A ondulante fachada branca da nova ala do SFMOMA cria um contraste dramático com a estrutura existente, chamando a atenção e convidando à exploração. Esta ousada evolução arquitetônica simboliza a dedicação do SFMOMA em ultrapassar os limites da criatividade, refletindo a natureza dinâmica e em constante evolução da arte contemporânea. No interior, os espaços ampliados do museu abrigam uma gama diversificada de obras de arte modernas, apresentando aos visitantes uma viagem pela evolução da expressão artística.

Uma tapeçaria de diversidade arquitetônica

A exploração de espaços de arte contemporânea na Califórnia acrescenta um fio vibrante à rica tapeçaria da diversidade arquitetônica do estado. Da elegância geométrica do The Broad em Los Angeles à expansão inovadora do SFMOMA em São Francisco, estes espaços servem como marcos culturais que transcendem as fronteiras tradicionais.

Ao se preparar para a transição para o próximo capítulo de sua jornada pela Califórnia, antecipe novas narrativas que se desenrolam na diversidade arquitetônica que enriquece a tapeçaria cultural deste estado dourado. Quer você seja cativado pelo fascínio vanguardista dos museus contemporâneos ou atraído pelo encanto histórico das joias do Renascimento Colonial Espanhol, as maravilhas arquitetônicas da Califórnia convidam você a se envolver, apreciar e se tornar parte integrante da narrativa contínua de design e inovação.

Os planos de exploração foram traçados e a jornada pelas maravilhas arquitetônicas da Califórnia continua.

Avante para novos horizontes, onde cada estrutura se torna um capítulo e cada design conta uma história. Então, caro viajante, entre no caleidoscópio arquitetônico que é a Califórnia – um estado onde cada estrutura é uma pincelada na tela da expressão cultural.

CAPÍTULO 12

PERMANÊNCIA SUSTENTÁVEL: EXPLORAÇÃO ECOLÓGICA

Embarcar numa estadia sustentável pela Califórnia revela um reino onde a consciência ambiental se entrelaça com o espírito de exploração. Desde estadias ecológicas e iniciativas do campo ao prato até esforços de conservação que preservam a beleza natural e dicas para viagens responsáveis, este capítulo ilumina o caminho para aventureiros ecologicamente conscientes que buscam uma conexão harmoniosa com o Golden State.

Estadias Ecológicas: Acomodações Ambientalmente Conscientes

A busca por acomodações ecológicas tornou-se parte integrante do espírito do viajante moderno, e a Califórnia, com sua rica diversidade natural, assume a liderança no fornecimento de estadias ecológicas que vão além da mera consciência ambiental – elas incorporam um modo de vida que harmoniza luxo com sustentabilidade .

Elegância eclética no AutoCamp Yosemite
Situado no imponente Parque Nacional de Yosemite, o AutoCamp Yosemite transcende os limites do luxo convencional. Aqui, a noção de vida verde está perfeitamente integrada na experiência do hóspede. O compromisso do local com a gestão ambiental é evidente em cada detalhe, apresentando uma abordagem meticulosa para minimizar o seu impacto ecológico.

Esplendor movido a energia solar
O AutoCamp Yosemite aproveita a energia solar como fonte de energia primária, aproveitando a abundante luz solar da Califórnia para atender às suas necessidades de eletricidade. Esta abordagem alimentada por energia solar não só reduz a dependência da energia convencional, mas também serve de modelo para práticas sustentáveis na indústria hoteleira. Os hóspedes são convidados a participar deste esplendor movido a

energia solar, desfrutando do conforto de saber que a sua estadia está alinhada com os princípios da energia renovável.

Posicionamento estratégico e pegada mínima
As acomodações no AutoCamp Yosemite não são apenas luxuosas, mas também uma integração artística na paisagem natural. Os reboques Airstream e as tendas de luxo personalizados são cuidadosamente organizados para minimizar a pegada ambiental. Esta localização estratégica respeita os ecossistemas existentes, garantindo que a beleza do local permaneça intocada e acessível para as gerações vindouras. É uma prova da ideia de que o turismo de luxo e o turismo responsável podem coexistir harmoniosamente.

Sabedoria da Água
Além da energia, a conservação da água é uma faceta fundamental da abordagem sustentável do AutoCamp Yosemite. A inclusão de equipamentos que economizam água em todo o local ressalta o compromisso com o uso responsável dos recursos. As cascatas e os rios

cristalinos de Yosemite servem como um gentil lembrete de que cada gota preservada contribui para a preservação dessas maravilhas naturais.

Retiro na casa da árvore no Post Ranch Inn

Situado nos penhascos escarpados de Big Sur, o Post Ranch Inn apresenta um conceito sublime: um retiro em uma casa na árvore que não apenas oferece um refúgio luxuoso, mas também defende o turismo responsável. Este retiro é uma maravilha arquitetônica, erguido sobre palafitas em meio às imponentes sequoias, personificando a crença de que o conforto requintado pode coexistir com a preservação de ecossistemas delicados.

Integração Perfeita com a Natureza

As estruturas do retiro da casa na árvore não se impõem à paisagem; eles se integram perfeitamente ao ambiente natural. Construídos sobre palafitas, eles pisam levemente na terra, garantindo o mínimo de perturbação ao ecossistema. Esta integração cuidadosa é uma prova do compromisso do Post Ranch Inn em ser mais do que apenas uma residência temporária para viajantes; é um guardião da terra que habita.

Devaneio sobre Energia Renovável
A dedicação ao turismo responsável vai além da estrutura física do retiro da casa na árvore. O Post Ranch Inn adota fontes de energia renováveis para alimentar suas operações, reduzindo sua pegada de carbono e contribuindo para a narrativa mais ampla de conservação ambiental. À medida que os hóspedes desfrutam das comodidades luxuosas, fazem-no sabendo que a sua experiência é moldada por um compromisso com a sustentabilidade.

Luxo com propósito
O que diferencia o retiro da casa na árvore é o casamento do luxo com um propósito. Os hóspedes podem deleitar-se com a sumptuosidade do ambiente que os rodeia, tendo a certeza de que a sua estadia contribui para a preservação da paisagem que os cativa. A filosofia da pousada reflete a compreensão de que o verdadeiro

luxo vai além da indulgência material; inclui a responsabilidade de proteger e nutrir o meio ambiente.

Uma tela verde de sustentabilidade luxuosa

O AutoCamp Yosemite e o Treehouse Retreat no Post Ranch Inn pintam um quadro vívido de estadias verdes na Califórnia. Estas acomodações não são apenas lugares para descansar; eles são a personificação de um espírito em evolução nas viagens – que prioriza a sustentabilidade ambiental sem comprometer o luxo e o conforto esperados pelos viajantes exigentes de hoje.

Enquanto você se prepara para a transição para o próximo capítulo de sua jornada pela Califórnia, que a tela verde da luxuosa sustentabilidade inspire suas escolhas. Seja sob as coberturas movidas a energia solar de Yosemite ou dentro do santuário da casa na árvore de Big Sur, o compromisso com estadias ecológicas garante que a beleza da Califórnia perdure, convidando as gerações futuras a explorar e apreciar suas maravilhas. O caminho do turismo responsável está traçado; rumo a novos horizontes onde o luxo e a sustentabilidade andam de mãos dadas.

Fique tranquilo, viajante consciente, pois o próximo capítulo verde o aguarda – um capítulo onde a sua estadia não é apenas um momento de repouso, mas uma prova do seu compromisso com um mundo mais sustentável e harmonioso. Viagens seguras.

Iniciativas Farm-to-Fork: Refeições Sustentáveis

As iniciativas do campo ao prato da Califórnia não só redefiniram o cenário culinário, mas também se tornaram um farol de sustentabilidade, promovendo uma ligação profunda entre os clientes e a tapeçaria agrícola local. Nesta exploração de refeições sustentáveis, dois estabelecimentos renomados, The French Laundry e Chez Panisse, emergem como pioneiros culinários dedicados aos princípios da alimentação do campo ao prato.

Saboreando a recompensa local no The French Laundry

Situado no coração de Napa Valley, o The French Laundry não é apenas um restaurante; é um santuário gastronômico que celebra a arte de jantar do campo ao prato. Sob a liderança visionária do Chef Thomas Keller, o The French Laundry tornou-se sinónimo de excelência culinária, entrelaçando a elegância do seu ambiente com o compromisso com ingredientes sustentáveis e de origem local.

O cardápio do The French Laundry é uma sinfonia de sabores selecionados a partir dos abundantes produtos das diversas regiões agrícolas da Califórnia. A abordagem meticulosa do Chef Keller garante que cada prato reflita a essência da estação, incorporando ingredientes frescos e sazonais provenientes de agricultores e produtores locais. De vibrantes tomates tradicionais a queijos artesanais, cada elemento do prato conta uma história da rica herança culinária da Califórnia.

Além das criações culinárias que enfeitam as mesas, o compromisso da The French Laundry com a sustentabilidade se estende a todos os aspectos de suas operações. O restaurante está ativamente envolvido em programas de compostagem e reciclagem, exemplificando a dedicação à minimização do seu impacto ambiental. Ao participar na economia circular local, o The French Laundry não só eleva a experiência gastronómica, mas também contribui para os objetivos mais amplos de sustentabilidade da comunidade de Napa Valley.

A jornada gastronômica no The French Laundry transcende o comum, convidando os clientes a saborear a riqueza local, ao mesmo tempo que promove a apreciação pelas intrincadas relações entre chefs, agricultores e comensais. É uma peregrinação culinária que não só encanta o paladar, mas também nutre uma compreensão mais profunda da interconexão entre a comida, a comunidade e a terra.

Integridade gastronômica no Chez Panisse
Na vibrante cidade de Berkeley, o Chez Panisse se destaca como uma instituição culinária pioneira no movimento farm-to-fork sob a liderança visionária de Alice Waters. Desde a sua criação em 1971, o Chez Panisse tem sido um defensor inabalável de produtos sustentáveis, orgânicos e cultivados localmente,

incorporando os princípios da integridade gastronómica e da gestão ambiental.

O compromisso do restaurante em utilizar os ingredientes mais frescos e de origem local é uma prova da sua dedicação em apoiar os agricultores e artesãos regionais. Os menus do Chez Panisse refletem as estações do ano, com pratos que evoluem de acordo com a disponibilidade dos ingredientes no seu auge. Ao defender as práticas agrícolas orgânicas, o restaurante não só garante a mais alta qualidade de sabores, mas também contribui activamente para a preservação do património agrícola da Califórnia.

A influência do Chez Panisse vai muito além de suas icônicas salas de jantar. Alice Waters, uma pioneira culinária e defensora da agricultura sustentável, inspirou uma nova geração de chefs e comensais a priorizar escolhas éticas e ambientalmente conscientes nos seus empreendimentos culinários. O Edible Schoolyard Project do restaurante, uma iniciativa educacional focada na educação alimentar, ressalta ainda mais o compromisso do Chez Panisse em promover uma cultura alimentar sustentável.

A experiência gastronômica no Chez Panisse transcende o prazer efêmero de uma refeição deliciosa; é uma celebração das conexões profundas entre comida, comunidade e meio ambiente. Ao escolher o Chez Panisse, os clientes não só se entregam a uma viagem culinária, mas também contribuem ativamente para o movimento mais amplo em direção a práticas gastronómicas sustentáveis e responsáveis.

Uma tapeçaria de refeições sustentáveis
A exploração de iniciativas do campo ao prato no The French Laundry e no Chez Panisse revela uma tapeçaria de refeições sustentáveis tecida com fios de excelência culinária, consciência ambiental e envolvimento comunitário. Estes estabelecimentos não servem apenas como baluartes culinários, mas também como faróis de inspiração, orientando o caminho para uma relação mais sustentável e harmoniosa entre a comida e o ambiente.

Enquanto você se prepara para a transição para o próximo capítulo da exploração ecológica na Califórnia, os princípios de refeições sustentáveis introduzidos por esses luminares da culinária servem como um modelo para aventuras culinárias responsáveis e conscientes. A jornada continua, e com cada ingrediente fresco da fazenda, cada prato cuidadosamente elaborado, a narrativa da gastronomia sustentável na Califórnia se desenrola, convidando os clientes a serem não apenas espectadores, mas também participantes ativos na história contínua de excelência da fazenda ao prato.

Crônicas de Conservação: Protegendo a Beleza Natural da Califórnia

As paisagens caleidoscópicas da Califórnia, que vão desde o majestoso litoral até as antigas florestas de sequoias, são tesouros que exigem uma administração vigilante. O compromisso do estado com a conservação se desdobra por meio de iniciativas que não apenas preservam as maravilhas naturais, mas também fomentam o senso de responsabilidade e a conexão com o meio ambiente para as gerações futuras.

Majestade do Santuário Marinho: Parque Nacional das Ilhas do Canal

Na costa ensolarada do sul da Califórnia, o Parque Nacional das Ilhas do Canal surge como um santuário marinho, incorporando a essência da conservação costeira. O arquipélago do parque consiste em cinco ilhas – Santa Cruz, Anacapa, Santa Rosa, San Miguel e Santa Bárbara – cada uma contribuindo para a rica tapeçaria de vida marinha e colônias de aves marinhas.

Harmonia do Ecossistema
No centro dos esforços de conservação está o compromisso de manter o delicado equilíbrio dos ecossistemas marinhos. As Ilhas do Canal fornecem habitats vitais para uma grande variedade de espécies, incluindo focas, leões marinhos, aves marinhas e uma flora subaquática única. As iniciativas de conservação centram-se na preservação destes habitats, permitindo que os ecossistemas das ilhas prosperem em harmonia.

Práticas de Turismo Sustentável
O fascínio do Parque Nacional das Ilhas do Canal vai além de suas maravilhas marinhas, incluindo paisagens acidentadas, cavernas marinhas e flora endêmica. Os

esforços de conservação abrangem práticas de turismo sustentável, garantindo que os visitantes possam experimentar a beleza natural sem comprometer a integridade do ambiente. Do acesso regulamentado a programas de educação, estas iniciativas visam promover a apreciação da interligação entre terra e mar.

Extensão Educacional
Um aspecto integrante da estratégia de conservação das Ilhas do Canal envolve a divulgação educacional. Ao promover a compreensão dos frágeis ecossistemas marinhos e da importância da conservação, o parque incute um sentido de responsabilidade nos visitantes. Programas educativos, visitas guiadas e exposições interativas contribuem para uma consciência mais ampla dos desafios enfrentados por estes ecossistemas insulares e do papel que os indivíduos podem desempenhar na sua preservação.

Redwood Renaissance: Salve a Liga Redwoods
No extremo norte da Califórnia, onde o ar é infundido com o aroma terroso de gigantes imponentes, a Liga

Salve as Sequoias se destaca como guardiã das antigas florestas de sequoias do estado. Esta organização tem sido fundamental na proteção e restauração destas árvores icónicas, garantindo que a sua majestade perdure pelas gerações vindouras.

Aquisição e Restauração de Terrenos

O compromisso da Save the Redwoods League com a conservação é exemplificado por meio de projetos estratégicos de aquisição de terras e restauração. Ao comprar e salvaguardar parcelas importantes de terra, a liga evita novas invasões aos habitats de sequoias e cria corredores interligados para a vida selvagem. As iniciativas de restauração concentram-se no rejuvenescimento de áreas impactadas pelas atividades humanas, permitindo que as antigas sequoias recuperem o seu esplendor natural.

Iniciativas de Educação Pública

A liga reconhece a importância de promover uma ligação profunda entre as pessoas e as florestas de sequoias. As iniciativas de educação pública desempenham um papel fundamental neste esforço, chegando às escolas, comunidades e indivíduos para incutir uma apreciação pelo valor insubstituível destas árvores antigas. Ao transmitir conhecimento sobre os ecossistemas de sequoias e a importância da conservação, a liga pretende cultivar uma geração comprometida com a preservação do legado natural da Califórnia.

Envolvimento e diversão do visitante
A liga procura encontrar um equilíbrio harmonioso entre conservação e acesso público. Reconhecendo que o envolvimento dos visitantes é crucial para a construção de apoio, a liga facilita a apreciação das sequoias através de trilhas cuidadosamente projetadas, centros interpretativos e experiências imersivas. Ao permitir que as pessoas se conectem com estes gigantes antigos, a liga acredita que está a promover um sentido de responsabilidade e defesa da sua preservação.

Uma Sinfonia de Conservação
As crônicas de conservação da Califórnia tecem uma sinfonia de esforços para salvaguardar a beleza natural

do estado. Da majestade marinha do Parque Nacional das Ilhas do Canal, onde o turismo sustentável e a educação se harmonizam, ao renascimento das sequoias liderado pela Save the Redwoods League, que se esforça para garantir a perpetuidade das florestas antigas, cada iniciativa contribui para a preservação do património ecológico da Califórnia.

Ao passar para o próximo capítulo de sua jornada pela Califórnia, leve consigo os ecos das ondas das Ilhas do Canal e os sussurros atemporais das florestas de sequoias. As histórias de conservação não tratam apenas de proteger as paisagens, mas também de fomentar a responsabilidade partilhada de sermos guardiões das maravilhas naturais da Califórnia.

Que as suas viagens sejam enriquecidas pela compreensão de que cada passo nestas terras protegidas é um testemunho da delicada dança entre a exploração humana e a preservação ecológica. Avante para novos horizontes, onde o compromisso com a conservação se torna um princípio orientador na viagem pelas diversas e queridas paisagens da Califórnia. Boa viagem, administrador da natureza.

Viagem Responsável: Dicas para Aventureiros Ecoconscientes

No domínio das viagens responsáveis, os aventureiros com consciência ecológica tornam-se administradores do ambiente, deixando para trás um impacto positivo que ressoa com os princípios da sustentabilidade. À medida que você se aprofunda nas principais facetas das viagens responsáveis, desde a adesão aos princípios Leave No Trace até a adoção do transporte sustentável e o apoio a iniciativas locais de conservação, você descobre um plano para a exploração ecológica que enriquece a experiência do viajante e ao mesmo tempo protege os tesouros naturais da Califórnia.

Princípios de Não Deixar Rastros: Nutrindo a Natureza

Os princípios Leave No Trace são a base para viagens responsáveis em paisagens naturais. Estas directrizes fornecem um quadro para minimizar o impacto no ambiente, garantindo que as áreas selvagens imaculadas mantêm a sua integridade ecológica. Para os aventureiros ecologicamente conscientes, a adesão a estes princípios é mais do que uma sugestão; é um compromisso com a preservação da beleza dos espaços naturais da Califórnia.

O que trouxer, leve de volta
Os viajantes responsáveis realizam todos os resíduos de forma consciente, sem deixar vestígios da sua presença. Isto inclui não apenas itens óbvios, como embalagens de alimentos, mas também resíduos menos visíveis, como caroços de maçã ou cascas de laranja, que podem demorar mais para se decompor.

Fique em trilhas designadas
As trilhas são projetadas para guiar os visitantes por áreas naturais com impacto mínimo. Permanecer em trilhas designadas ajuda a proteger ecossistemas frágeis, evitando a erosão do solo e minimizando a perturbação dos habitats da vida selvagem.

Respeite a vida selvagem
Observar a vida selvagem à distância é crucial para o seu bem-estar. Aventureiros ecologicamente conscientes

resistem à tentação de se aproximar ou alimentar animais, garantindo que essas criaturas possam prosperar sem interrupções desnecessárias.

Transporte Sustentável: Reduzindo a Trilha de Carbono

Na procura de viagens responsáveis, as escolhas de transporte desempenham um papel fundamental na minimização da pegada de carbono associada à exploração. O compromisso da Califórnia com opções de transporte sustentáveis abre caminhos para aventureiros ecologicamente conscientes agirem com cautela enquanto embarcam em viagens inesquecíveis.

Veículos Elétricos (EVs)

A ascensão dos veículos elétricos apresenta uma alternativa verde para atravessar as diversas paisagens da Califórnia. Os VE contribuem para reduzir a poluição atmosférica e a dependência de combustíveis fósseis, alinhando-se com os esforços do estado para construir uma infra-estrutura sustentável e amiga do ambiente.

Transporte Público

Em paisagens urbanas e fora dela, optar pelo transporte público diminui o impacto ambiental das viagens. Autocarros, comboios e outros modos de transporte público contribuem para reduzir o congestionamento do tráfego e reduzir as emissões globais de carbono.

Carpooling e carona compartilhada

Iniciativas de viagens colaborativas, como caronas e caronas compartilhadas, não apenas reduzem o número de veículos nas estradas, mas também promovem um senso de comunidade entre os viajantes ecologicamente conscientes.

Apoiando Iniciativas Locais de Conservação: Investindo no Futuro da Califórnia

As viagens responsáveis transcendem as escolhas pessoais para contribuir ativamente para a preservação da beleza natural da Califórnia. Apoiar iniciativas locais de conservação através de doações ou trabalho voluntário torna-se uma forma tangível para os aventureiros com consciência ecológica retribuirem às paisagens que inspiram admiração.

Doações para organizações de conservação
Numerosas organizações na Califórnia se dedicam a preservar os diversos ecossistemas do estado. Os viajantes com consciência ecológica podem contribuir fazendo doações a estas organizações, que muitas vezes financiam projetos cruciais de conservação.

Oportunidades voluntárias
A participação em programas de voluntariado permite que os viajantes se envolvam diretamente nos esforços de conservação. Quer se trate de restauração de habitats, monitoramento da vida selvagem ou manutenção de trilhas, essas experiências práticas criam um impacto duradouro nos ambientes visitados.

Um projeto para exploração sustentável
A exploração das estadias sustentáveis na Califórnia se desenrola como uma tapeçaria vívida, entrelaçada com

estadias verdes, iniciativas do campo ao prato, esforços de conservação e práticas de viagens responsáveis. Este plano para a exploração sustentável oferece um guia para aventureiros ecologicamente conscientes navegarem pelo Golden State, deixando uma marca positiva em seu patrimônio natural e cultural.

À medida que os eco-conscientes completam este capítulo da sua jornada pela Califórnia, o plano torna-se uma bússola, orientando as escolhas em direcção a opções sustentáveis. O compromisso com práticas ecológicas não apenas melhora a experiência de viagem, mas também garante que as maravilhas da Califórnia perdurem por gerações futuras.

O apelo à aventura sustentável ecoa para novos horizontes, onde a exploração se harmoniza perfeitamente com a gestão ambiental. Boa viagem, aventureiro com consciência ecológica, enquanto você continua a trilhar um caminho em direção a um futuro onde viagens responsáveis são uma prova de amor e respeito pelo planeta. Cada passo da sua jornada é uma oportunidade de deixar um legado de cuidado e conservação nas vastas e inspiradoras paisagens da Califórnia.

Milton Keynes UK
Ingram Content Group UK Ltd.
UKHW031831140224
437844UK00016B/1623